区间逻辑检查设备原理、维护及故障处理

闫卫东　主编

中国铁道出版社有限公司

2 0 2 1 年 · 北　京

内 容 简 介

本书详细分析了区间逻辑检查设备，主要内容包括区间综合监控系统、继电式区间逻辑检查设备、列控中心区间逻辑检查、区间逻辑检查业务通信通道，并在最后章节介绍常见故障处理流程和故障案例。

本书可用作现场铁路信号工培训教材，也可供相关从业人员自学参考。

图书在版编目(CIP)数据

区间逻辑检查设备原理、维护及故障处理/闫卫东主编．—北京：中国铁道出版社有限公司，2020.10（2021.5 重印）

ISBN 978-7-113-27188-6

Ⅰ．①区… Ⅱ．①闫… Ⅲ．①铁路信号-区间闭塞-自动闭塞-自动控制设备-维修 Ⅳ．①U284.43 ②U284.92

中国版本图书馆 CIP 数据核字(2020)第 153083 号

书　　名：区间逻辑检查设备原理、维护及故障处理
作　　者：闫卫东

责任编辑：徐　清　　**编辑部电话：**(010)51873147　　**电子信箱：**357716058@qq.com
编辑助理：王　烁
封面设计：郑春鹏
责任校对：焦桂荣
责任印制：高春晓

出版发行：中国铁道出版社有限公司(100054，北京市西城区右安门西街 8 号)
网　　址：http://www.tdpress.com
印　　刷：国铁印务有限公司
版　　次：2020 年 10 月第 1 版　2021 年 5 月第 2 次印刷
开　　本：787 mm×1 092 mm 1/16　印张：6.25　字数：124 千
书　　号：ISBN 978-7-113-27188-6
定　　价：28.00 元

前　　言

随着近年列车在区间运行的速度不断提高，高速区段动车组自重较轻，现场发生占用丢失频次不断上升，既有自动闭塞系统在失去分路后自动升级显示，后续列车紧追踪的安全隐患日益凸显。原铁路总公司安排专项课题攻关，由通号设计院牵头，各相关单位配合共同进行开发区间逻辑检查设备。随着设备的研制成功，铁路总公司先后下发《列控中心区间占用逻辑检查暂行技术条件》(运电高信函〔2014〕234 号)，《自动闭塞区间继电式逻辑检查暂行技术条件》(铁总运〔2015〕121 号)，《区间逻辑检查功能运用暂行办法》(铁总运〔2016〕63 号)，《铁路信号区间综合监控系统暂行技术条件》(铁总工电〔2018〕155 号)。随着列车运行速度的不断提高及行车密度的不断增大，区间逻辑检查已成为反映列车运行信息、防止区间因失去分路导致信号显示升级造成列车追尾事故等严重后果的重要手段之一。

呼和浩特局集团有限公司根据中国铁路总公司运输局关于《普速高速铁路增加区间逻辑检查功能的通知》(运电信号函〔2015〕457 号)的文件要求，按照三年规划对管内自动闭塞区段实施区间逻辑检查功能改造。

目前已经有大部分区段开通使用区间逻辑检查功能，但由于各型号区间逻辑检查设备通过上道审查的时间不同，造成呼和浩特局集团有限公司管内的各型号区间逻辑检查设备均有使用，各类型设备间功能有共同之处，但在电路和技术条件间又存在较大区别。随着区间逻辑检查设备的逐步开通使用，为增进现场的维护人员对区间逻辑检查设备的学习认识，掌握设备特性、压缩故障处理时间，提高设备维护管理水平，集团公司电务部组织专业技术人员，结合现场维护实际，编写了本书。

本书由呼和浩特局集团有限公司电务部闫卫东主编，由呼和浩特局集团有限公司电务部主任朱振宇、副主任刘宏主审，闫卫东、周顺、赵文义、李作君编写第一章、第二章，傅玮、王海祥、陈涛、刘玉玲编写第三章，刘建忠、王平、郑炜编写第四章，新吉勒吐、史磊编写第五章，张海涛、邬萍、张晓光、栗敬先编写第六章。

由于区间逻辑检查设备在呼和浩特局集团有限公司上道运用时间较短、现场故障积累较少，又因编者的理论水平及精力有限，本书内容不全面、不恰当之处在所难免，敬请同仁提出批评、指正意见，以便编者对本书不断改进和完善。

在本书编制的过程中得到北京全路通信信号研究设计院集团有限公司，北京交大盛阳公司，卡斯柯信号有限公司，呼和浩特局集团有限公司电务部、呼和电务段、包头电务段、锡林浩特综合维修段、大板综合维修段的各级领导和相关技术人员的大力支持，在此一并表示衷心感谢！

编者

2020 年 7 月

目　　录

第一章 绪 论

一、既有自动闭塞安全隐患

既有区间四显示自动闭塞方式电路虽然符合现行的相关规范和技术标准，但在实际运用中，由于个别轨道区段的钢轨和车轮间分路电阻不能达到规定要求，存在列车占用丢失的现象，而目前列车位置仅通过单一轨道区段占用/出清方式判断，存在区间轨道电路一旦失去分路，信号系统将自动按照逻辑传递变化显示的情况，对后续列车的运行存在安全隐患。

二、TDCS/CTC 系统车次号丢失报警功能存在的问题

既有 TDCS/CTC 系统的“列车占用丢失报警”功能虽然具备相应的报警功能，遇列车在区间占用丢失时，可向行车人员发出报警信息，但尚存在以下几点不足：

(1) TDCS 为非安全控制系统，遇列车在区间失去分路时，仅能提供报警信息，区间通过信号机及闭塞分区发码电路仍会正常工作，向后续车列发出升级码序，无法对失去分路的区段进行码序防护；

(2) TDCS 出现误报警的情况较为普遍，尤其是在雨后单机或作业车两区段电气绝缘节处，更加容易出现误报警；

(3) TDCS 作为行车辅助的调度监督设备，在通道的传输延迟方面的设计远不能满足逻辑判断的需求，导致误报警问题时有发生。

三、增加区间逻辑检查功能的必要性

既有 TDCS/CTC 系统的“列车占用丢失报警”功能虽然具备相应的报警功能，遇列车在区间占用丢失时，可向行车人员发出报警信息，但 TDCS/CTC 系统为非安全控制系统，遇列车在区间占用丢失时，仅能提供报警信息，区间通过信号机及闭塞分区发码电路仍会升级，后续列车可看见允许信号显示，并能接收到机车信号允许码。随着列车运行速度的不断提高及行车密度的不断增大，区间逻辑检查已成为反映列车运行信息，防止区间因失去分路导致信号显示升级造成列车追尾事故等严重后果的重要手段之一。

四、增加区间逻辑检查功能的作用

针对既有区间自闭设备的使用情况，合理选用“列控中心区间占用逻辑检查设备”“继电式逻辑检查设备”“区间综合监控逻辑检查设备”均能够实现区间逻辑检查功能，避免由于区间列车占用丢失产生的安全隐患，提高区间列车追踪运行的安全性和可靠性，确保铁路运输安全。

第二章　区间综合监控系统

第一节　区间综合监控系统概述

一、区间综合监控系统设备型号分类

1. QJK(区间综合监控)系统

QJK 系统是利用安全计算机平台和数据通信技术实现站间安全信息传输、控制改方电路、区间占用逻辑检查功能的铁路信号控制设备,各功能之间相互独立,可以在现场独立运用或组合运用。站间安全信息传输采用光缆通信方式替代站间联系电缆传输,节省了站间电缆的采购和施工维护成本,简化了设备维护检修的工作。区间综合监控系统设备目前有两种类型在呼和浩特局集团有限公司管内使用。

2. QJK-JS(区间综合监控系统—交大盛阳公司)

JS 表示生产厂家为北京西南交大盛阳科技有限公司,2016 年该设备在唐呼线、包兰线各站安装并随工程进度逐段开通使用(设计仅为区间逻辑检查功能);在集通线贲红—哲里木间全线采用该设备,随着复线自闭工程的开通同步投入使用(设计为区间逻辑检查、站间安全信息传输、控制改变区间运行方向三种功能全部使用)。

3. QJK-Ka(区间综合监控系统—卡斯柯信号有限公司)

Ka 表示生产厂家为卡斯柯信号有限公司,2019 年 8 月通过中国国家铁路集团有限公司技术评审,该设备正在包西线的包头南站—新街站区段安装调试,本线设计为区间逻辑检查、站间安全信息传输、控制改变区间运行方向三种功能全部使用。

二、区间综合监控系统设备功能及与现有检查设备的区别

1. 区间综合监控系统的三大功能

(1)区间逻辑检查功能

QJK 逻辑检查采集闭塞分区的 QGJ 状态,站内首区段 GJ、进站信号机的

状态以及进路的锁闭状态、方向继电器的状态作为区间占用逻辑检查的输入条件，通过软件的逻辑关系运算，同时驱动 FHJ，完成失去分路时闭塞分区的防护，并可通过解锁盘对遗留失去分路进行人工解锁恢复，若后续列车在运行过程中能正确反映后续轨道区段“占用”或“空闲”情况，该“占用丢失”防护及报警也能自动解除。

(2)站间安全信息传输功能

传统的站间信息的传输方式都是使用继电器结合方式，即相邻站间分别通过继电器接点向对方站传输安全信息，邻站使用继电器接点接收该安全信息。站间通过铺设电缆连接结合继电器，需要大量的电缆，存在施工量大、故障排除困难、传输容量有限以及防雷抗干扰性差的问题。

区间综合监控系统完成站间安全信息传输功能既可以采用直接采集相邻站继电器状态来进行逻辑处理，也可以基于计算机技术和通信技术，利用电缆或光通道作为站间信息的传输媒介，同时采用信息安全传输技术来完成。

(3)控制改变区间运行方向功能

区间方向控制由联锁发送正常或辅助改方信息来触发，区间综合监控系统完成区间改方逻辑功能。

在区间的任意区段状态出现正常占用、故障占用、失去失路不能实现正常改方时，人工确认区间无车可使用辅助方式办理改方作业。

在与中继站区间综合监控系统通信中断的情况下，不允许辅助改方来实现区间方向的改变。

2. 与继电式逻辑检查设备的区别

(1) 功能实现的设备不同

虽然都是实现列车在区间占用丢失后的自动防护，两者的区别是一个是靠软件功能实现，一个是靠纯继电器电路实现。

(2) 报警解除的条件不同

继电式区间占用丢失报警后，前方相邻闭塞分区正常占用后本闭塞分区占用丢失报警自动解除；而 QJK 必须是后续两个相邻闭塞分区正常占用并将列车运行后方区段出清，该防护、报警才自动解除。

(3) 占用丢失报警后两者人工解锁方式不同

QJK 的 3JG 占用丢失报警后必须人工干预解锁。

3. 与列控逻辑检查设备的区别

(1) QJK 不具备反向逻辑检查功能，而列控逻辑检查具备反向逻辑检查功能。

(2) QJK 采集站内进站信号、发锁条件，而列控逻辑检查通过安全数据网与联锁通信。

(3) QJK 占用丢失后通过人解盘解锁，而列控逻辑检查通过 CTC 车务终端或调度终端确认闭塞分区无车进而解锁。

(4)两者逻辑检查功能开启、关闭方式不同。QJK 通过人解盘来关闭，而列控逻辑检查通过 CTC 车务终端或调度终端开启或关闭。

4. 与无逻辑检查设备区间的区别

(1) 既有区间列车在区间失去分路后，信号机绿灯不防护、后方轨道编码 L 码、可以正常改方，而有逻辑检查功能的区间列车在区间失去分路后，信号机红灯防护、后方轨道编码 HU 码、不可以办理正常改方。

(2) 激活占用丢失报警的时间从 15 s(TDCS/CTC 系统列车占用丢失报警)延长至 60 s，有效减少无效报警信息。开通逻辑检查功能的区间能实现占用丢失报警，能随列车后续区段的正常分路逻辑自动解除。

第二节　区间综合监控设备组成

一、区间综合监控逻辑检查机柜

1. 机柜标准

室内微机室增加标准机柜，600 mm(宽)× 800 mm(深)×2 350 mm(高)。具备逻辑检查、站联信息传递、改变区间运行方向三个功能，整套设备设两个机柜，只开通部分功能的可选用一个机柜使用。

2. 机柜结构布局

机柜结构布局从上至下分别为：站间通信交换机、通信单元、切换单元、主控单元、维护终端、UPS(可选)、ODF 架、电源空开，如图 2—1 所示。

二、区间综合监控新增加设备

1. 继电器

(1) 每个闭塞分区增加一个防护继电器(FHJ)；

(2) 每个发车口设置一台出站继电器(CZJ)；

(3) 每个区间线路口设一个关闭继电器(GBJ)。

注：(1)、(2)为 QJK-Ka、QJK-JS 系统共同增加，(3)为 QJK-Ka 增加。

2. 新增配线

新增机柜至接口柜配线、接口柜至组合配线，如图 2—2 所示。

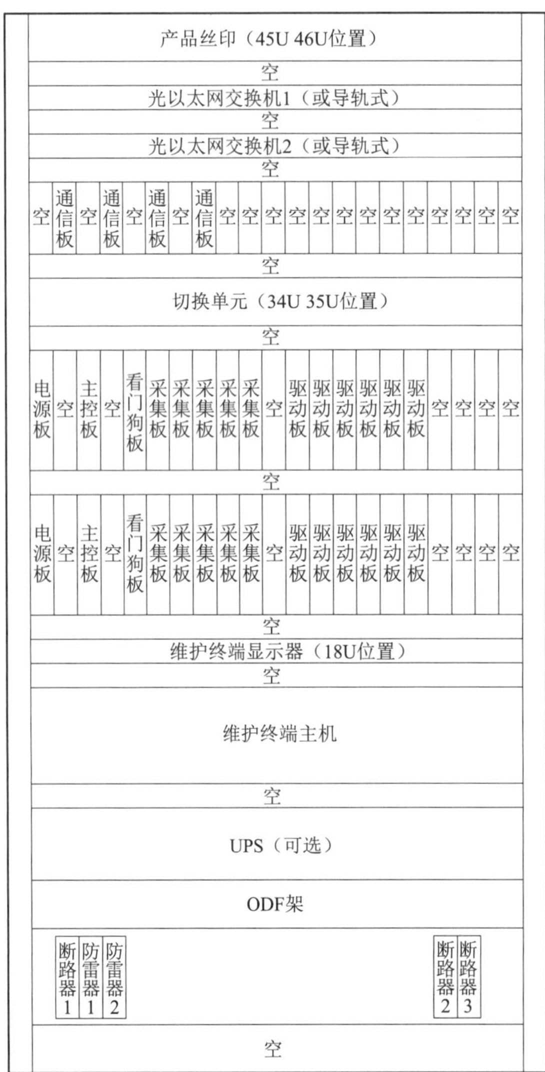

图 2—1　机柜结构布局

3. 电源系统

电源屏提供三路稳压 AC 220 V 电源，前两路分别至 QJK 机柜，第三路接至解锁盘，QJK 系统采用双电源供电模式，如图 2—3 所示。

4. 人工解锁盘

(1) 运转室增加解锁盘，机柜至运转室有 5 条多模铠装光纤供机柜与解锁盘通信(4 备 1)，另外还有一对解锁盘电源线。

(2) 系统人工解锁盘，如图 2—4 所示。

每个闭塞分区设置一列三个按钮，由上至下分别为 RJA、BJD、QGJD，功能分别为：

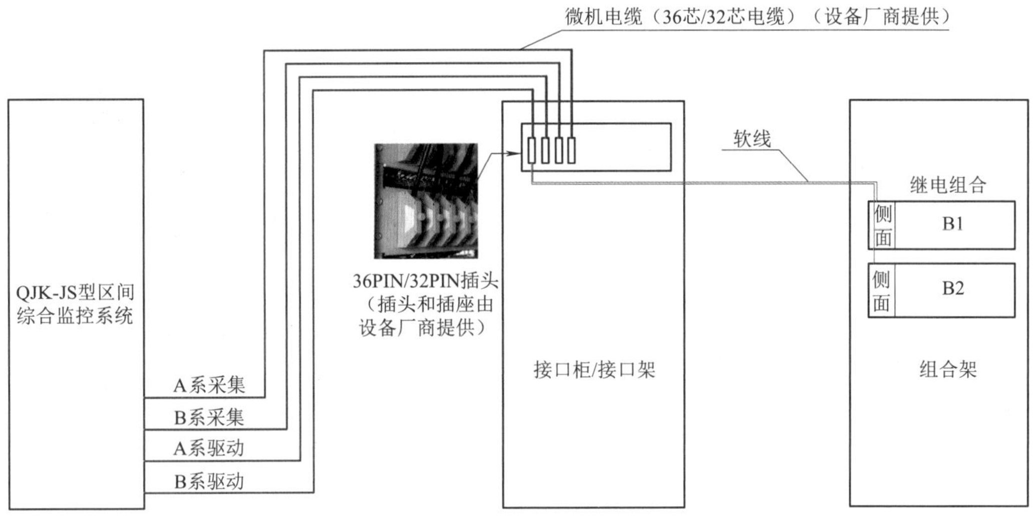

图 2—2　新增配线示意

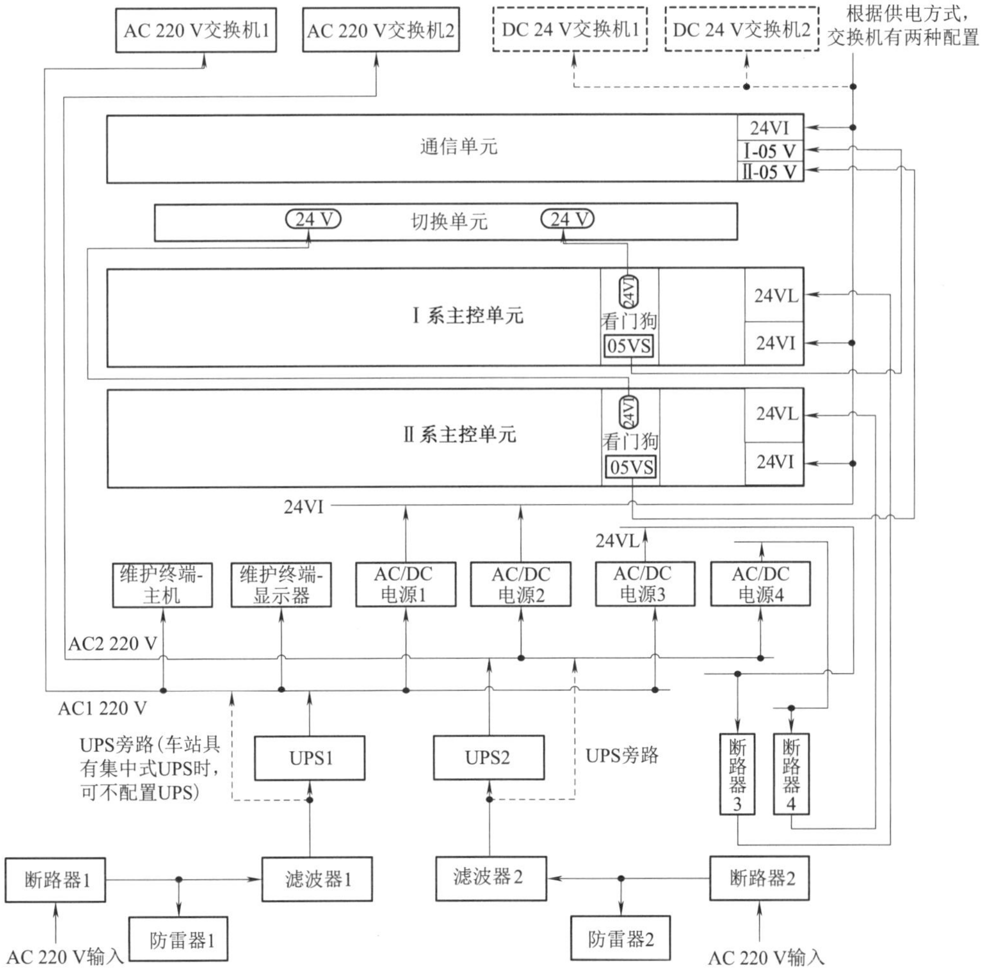

图 2—3　QJK 电源系统

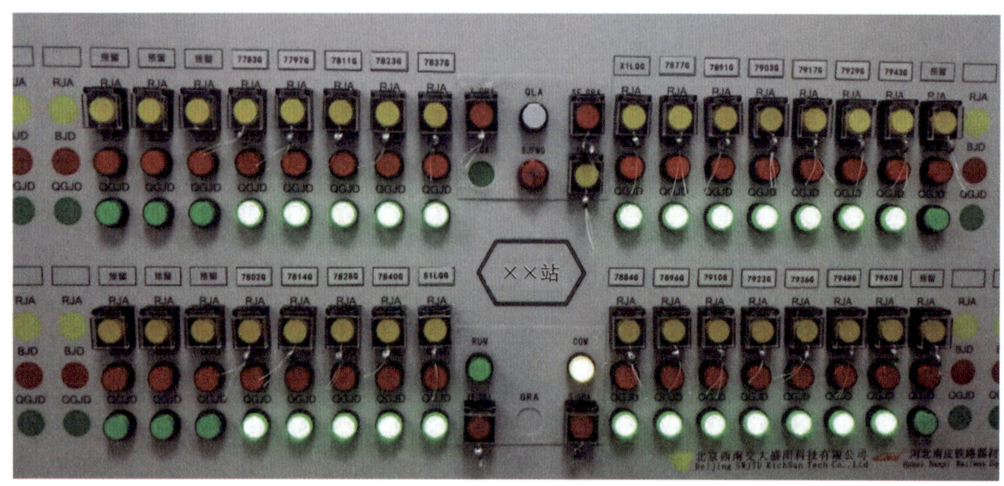

图 2—4　人工解锁盘

RJA:用来人工解锁失去分路的闭塞分区,自复示按钮;

BJD:常态熄灭,该分区失去分路时报警,点亮红色灯光;

QGJD:表征该闭塞分区轨道电路占用状态,空闲点亮绿色灯光,占用灭灯。

(3) 其他按钮功能分别为:

QLA:切掉报警电铃按钮;

BJFMQ:报警蜂鸣器;

GBA:关闭按钮,非自复示,常态灭灯,按下后关闭该发车口区间占用逻辑检查功能,点亮红灯;

RUN:运行灯,正常状态绿闪;

COM:通信灯,正常状态黄闪。

第三节　区间综合监控系统接口

一、设备相关接口

1. 整体接口示意图,如图 2—5 所示。

(1) QJK 与站联设备的接口;

(2) QJK 与联锁继电器的接口;

(3) QJK 与信号集中监测的接口;

(4) QJK 与人工解锁盘的接口;

(5) QJK 站间通信的接口;

(6) QJK 与 TDCS/CTC 系统的接口(预留)。

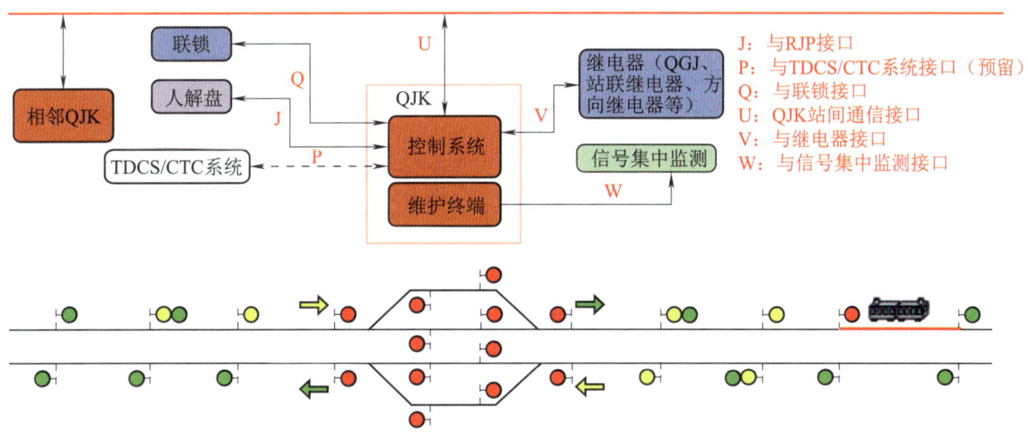

图 2—5　QJK 设备接口

2. QJK 通过驱动采集单元与继电器接口,采集继电器状态并输出继电器驱动信息:

(1) 支持继电器接点信号的采集,采集正电由机柜内部供电,电压 DC 24 V;

(2) 支持继电器驱动,驱动电压 DC 24 V;

(3) 驱动负载支持 1 700 Ω 和 850 Ω,即 JWXC-1700 型继电器;

(4) 双系独立驱动 JWXC-1700 型继电器的两个线圈;

(5) 双系独立采集继电器的不同接点,如图 2—6 所示。

二、QJK 与站联设备接口

QJK 站联继电器接口如图 2—6 所示。

1. 传输设备

(1) 通过光纤通道实现站联、边界编码条件等继电器及其他信息在两站的复示传输,支持自动闭塞线路、自动站间闭塞线路和半自动闭塞线路的编码、闭塞条件继电器复示。

(2) 采用 2×2 取 2 安全计算机平台保证继电条件的安全采集和驱动;双系独立采集、驱动,驱动的接口继电器为 JWXC-1700。站间安全通信采用 RSSP-Ⅰ安全通信协议,保证信息传输的安全性、完整性、时效性。

2. 传输通道

(1)当系统仅实现区间占用逻辑检查时,对于不具备光纤的线路,可以使用 2M 通道或铁路通信数据网实现站间通信。使用 2M 通道时,通信需要提供 2 条独立的车站到车站的带保护的 2M 通道,如图 2—7 所示。

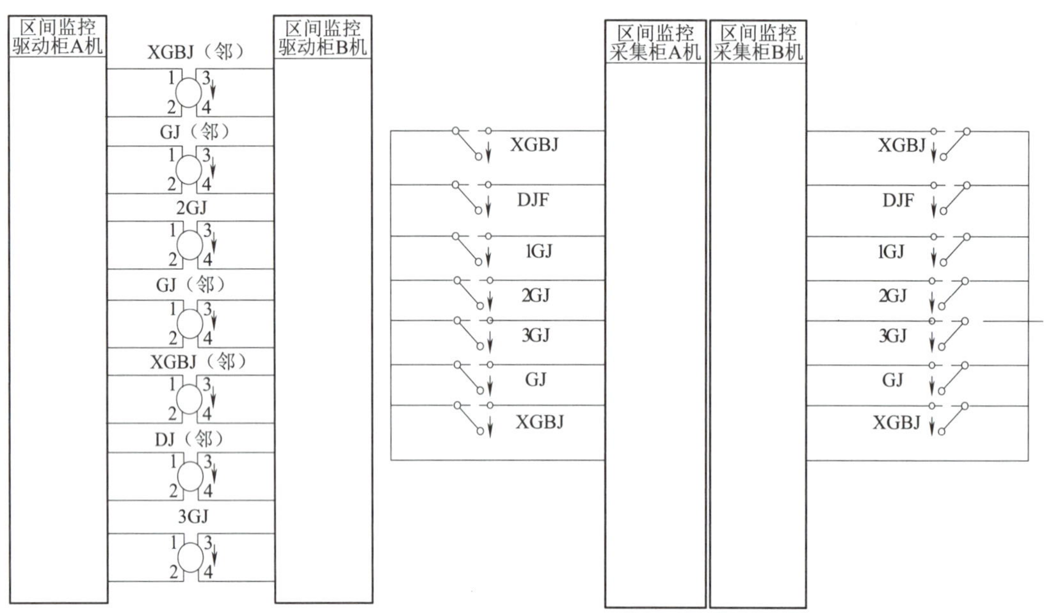

图 2—6　QJK 站联继电器接口

注：图中各继电器状态为逻辑检查机柜未上电初始状态。

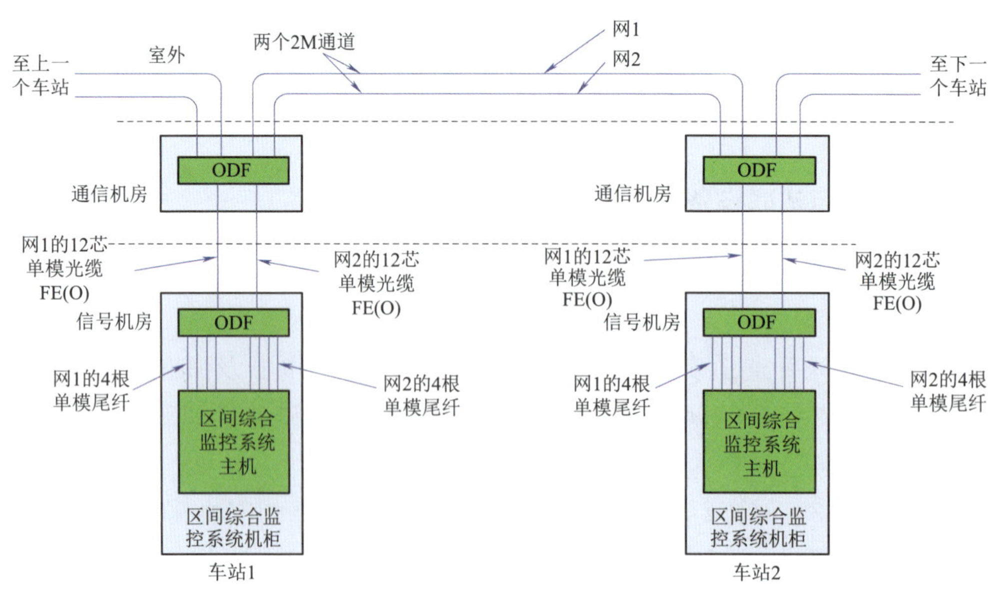

图 2—7　独立、带保护的 2M 通道

(2) 采用 FE 单模光接口，RSSP-Ⅰ安全协议，周期交互全体数据，通信周期为 500 ms，仅主系向外发送数据，主备系均接收两个通道的数据；站间通道冗余热备。采用冗余光纤网组成的站间通信网如图 2—8 所示。

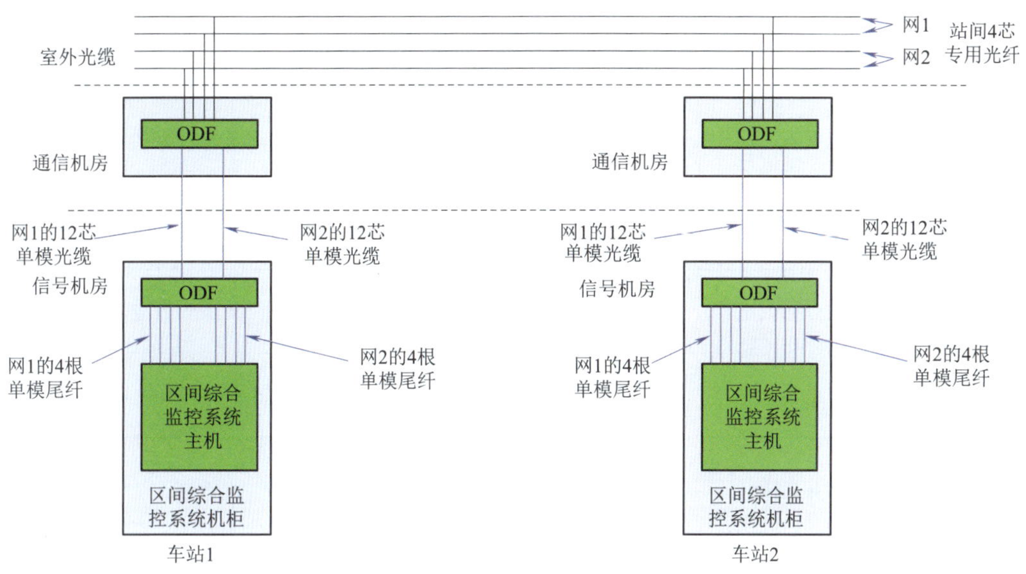

图 2—8　冗余光纤网

三、QJK 与联锁系统的继电器接口

1. 新增采集条件

(1) 具备区间占用逻辑检查功能时，需采集正向进站信号机 LXJ 和 YXJ 的前接点状态(LXJ 和 YXJ 前接点并联采集或者单独采集)；

(2) 进站信号机内方第一区段的 GJ、区间轨道 QGJ(对于有分割点区段的闭塞分区，系统将各闭塞分区内的 QGJ 串联采集)；

(3) 正向发车口 FSJ、FJ2、FHJ、CZJ。

QJK 机柜采集的继电器见表 2—1。

表 2—1　QJK 机柜采集的继电器

序号	信息种类	继电器名称	功　　能	备　　注
1	QGJ	区间轨道继电器	区间轨道区段的 QGJ 状态；轨道电路接收器直接驱动的继电器	区间每个区段独立采集，对于有分割点区段的闭塞分区，系统将串联采集各闭塞分区内的 QGJ
2	GJ	轨道继电器	站内进站信号机内方第一区段 GJ 的状态	区间与站内结合条件
3	FHJ	防护继电器	占用逻辑检查防护继电器	每个闭塞分区设置一个，轨道存在分割时，控制列车首先进入的区段 GJ

续上表

序号	信息种类	继电器名称	功　能	备　注
4	LXJ YXJ	列车信号继电器	作为3JG和站内逻辑判断的条件	只对正向进站信号机采集
5	FSJ	发车锁闭继电器	发车口与区间建立产生信号许可条件	只对正向发车口采集
6	FJ2	方向继电器	作为区间反向逻辑检查关闭的输入条件	不具备反向逻辑检查功能
7	CZJ	出站继电器	发车口最末区段占用丢失后防护	正向发车口各设一个

2. 新增驱动条件

逻辑检查机柜新增CZJ、FHJ，见表2—2。

表2—2　QJK驱动的继电器表

序号	信息种类	继电器名称	功　能	备　注
1	FHJ	防护继电器	占用逻辑检查防护继电器	每个闭塞分区设置一个。采用前接点接通时，空闲和故障占用，吸起，否则落下
2	CZJ	出站继电器	发车口最末区段占用丢失后防护	每个发车口设置一个。采用前接点接通时，发车进路锁闭，且进路末区段占用时，落下，列车正常进入1LQG，进路末区段出清后，吸起

3. 新增采集电路

新增采集电路包括QGJ、LXJ、YXJ、FJ2、GJ、FSJ、CZJ的采集电路，如图2—9、图2—10所示。

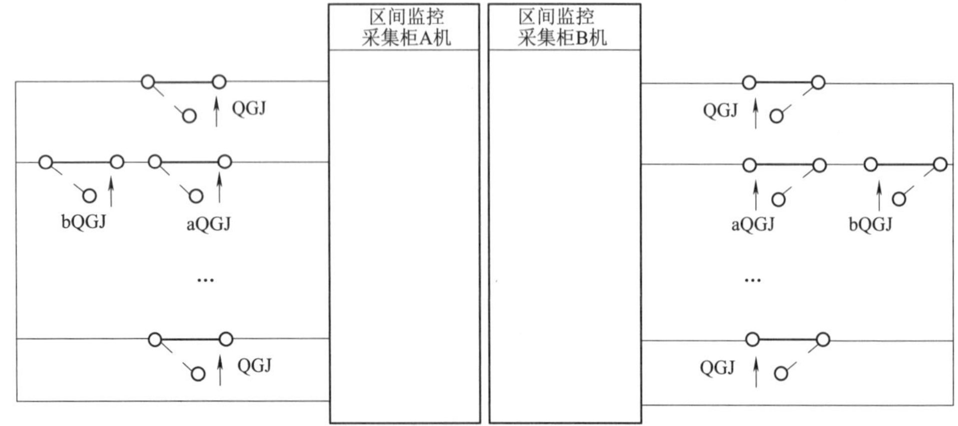

图2—9　QGJ继电器采集电路

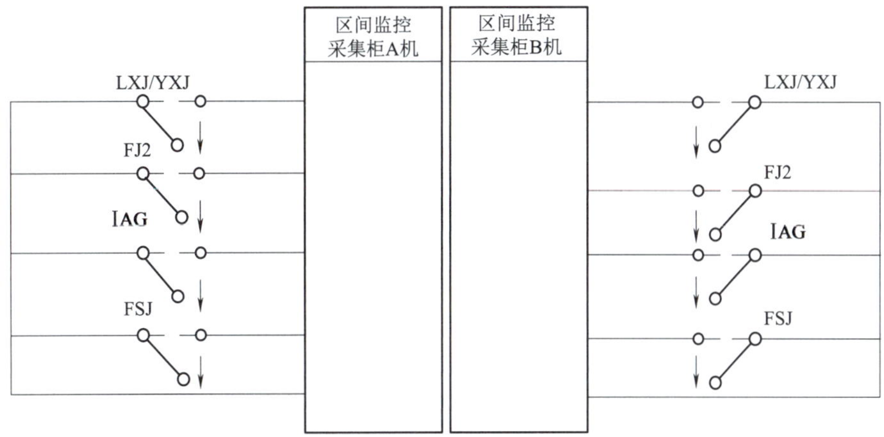

图 2—10　站内继电器采集电路

4. 新增驱动电路

新增驱动电路包括 FHJ 的驱动、CZJ 的驱动，如图 2—11 所示。

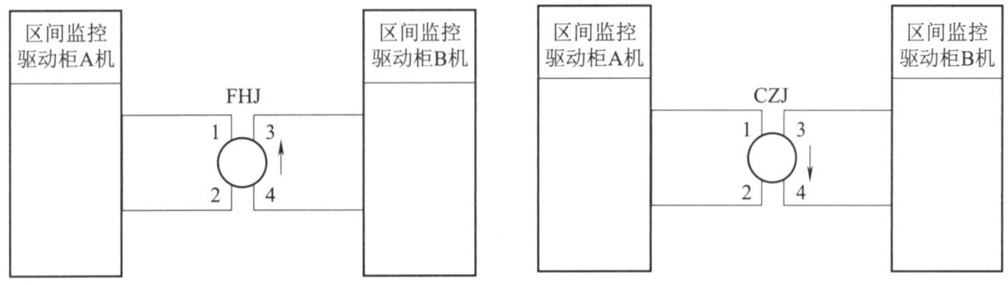

图 2—11　FHJ、CZJ 驱动电路

5. 修改既有电路

(1) 逻辑检查引起的既有自动闭塞区间电路修改包括：GJ 励磁电路串入 FHJ，如图 2—12 所示。当闭塞分区包含分割区段时，FHJ 的接点串入该闭塞分区正方向，列车首先压入轨道区段 GJ 的驱动电路中。

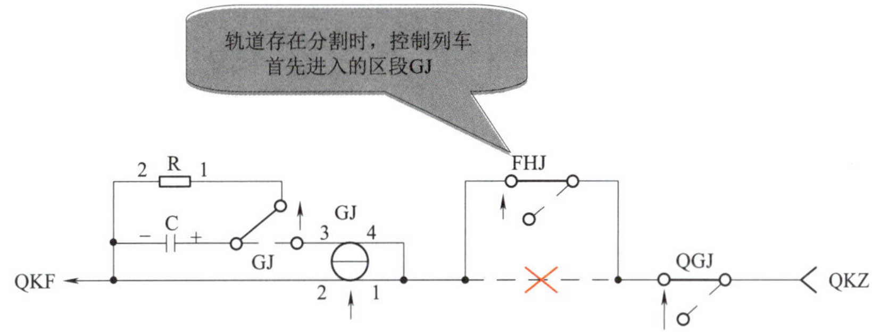

图 2—12　GJ 励磁电路串入 FHJ 电路

（2）每个正向发车口设置一台出站继电器（CZJ），CZJ 的前接点串入出站最末区段的 GJ 采集电路中，如图 2—13 所示。

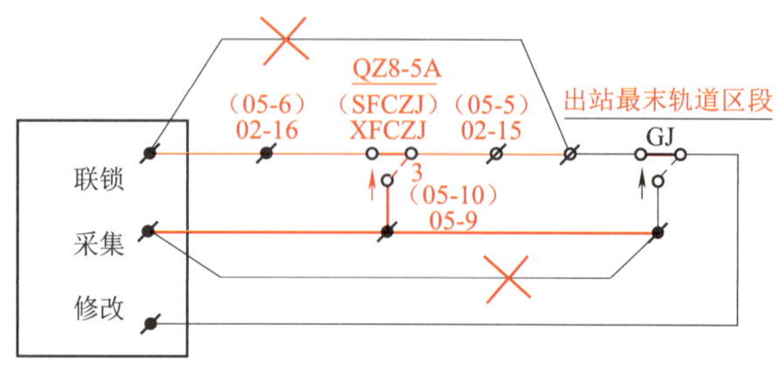

图 2—13 出站最末区段 GJ 采集电路

（3）CTC 采集配线按闭塞分区修改 QGJ 为 GJ，有 AG、BG 的区段增加总轨采集，并取消占用丢失报警功能，如图 2—14 所示。

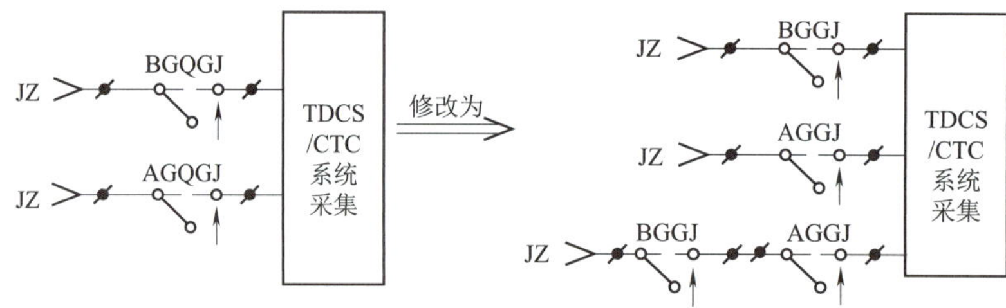

图 2—14 QGJ 改为 GJ 采集电路

（4）QJK 需将 FHJ 的接点串入 JQJ 的励磁电路中，如图 2—15 所示。

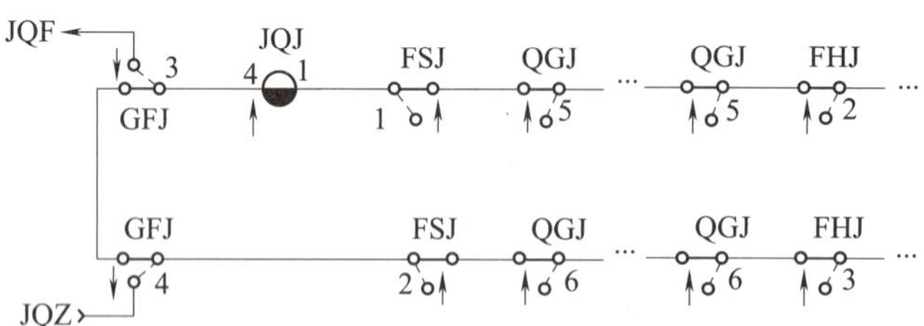

图 2—15 JQJ 串入 FHJ 电路

四、QJK 与信号集中监测的接口

1. 接口方式

QJK 设备通过维护终端与 CSM 进行连接，接口方式支持 RJ45 和 RS422 两种方式，通信通道为单通道。

2. 交换信息

QJK 设备向 CSM 发送状态信息和报警信息，CSM 向 QJK 设备发送心跳校时包。

五、QJK 与人工解锁盘的接口

1. 接口方式

QJK 控制机柜与解锁盘的接口采用通信方式，QJK 通过多模光纤与解锁盘连接。解锁盘安装在运转室，QJK 安装在信号微机室，信号微机室和运转室中有 4 条铠装光纤连接 QJK 和解锁盘。

2. 交换信息

(1) QJK 给解锁盘发送各轨道区段状态和占用丢失报警命令。

(2) 解锁盘给 QJK 发送解锁盘的工作状态、通信状态、人解命令和功能关闭命令。

3. 多个人工解锁盘连接

车站存在多个解锁盘时，解锁盘之间采用通信电缆连接，如图 2—16 所示。

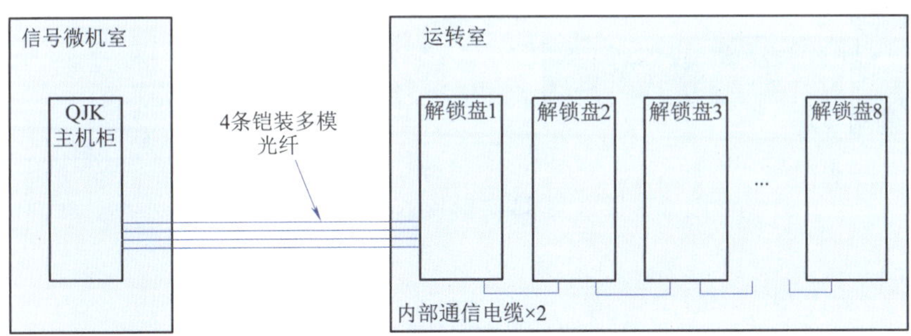

图 2—16　机柜与解锁盘连接

4. 中继站人工解锁盘(图 2—17)

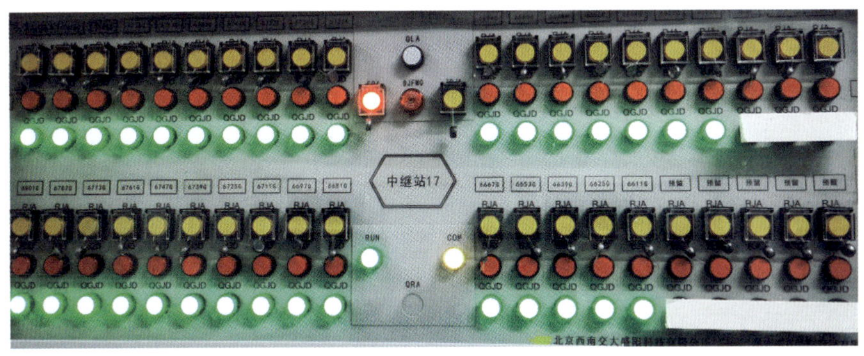

图 2—17　中继站人解盘

第四节　区间综合监控逻辑检查技术条件

一、报警判断依据和判断方法

1. 相关文件支持

区间综合监控系统的区间占用逻辑检查功能依据《铁路信号区间综合监控系统暂行技术条件》(铁总工电〔2018〕155 号)、《自动闭塞区间继电式逻辑检查暂行技术条件》(铁总运〔2015〕121 号),如图 2—18 所示。

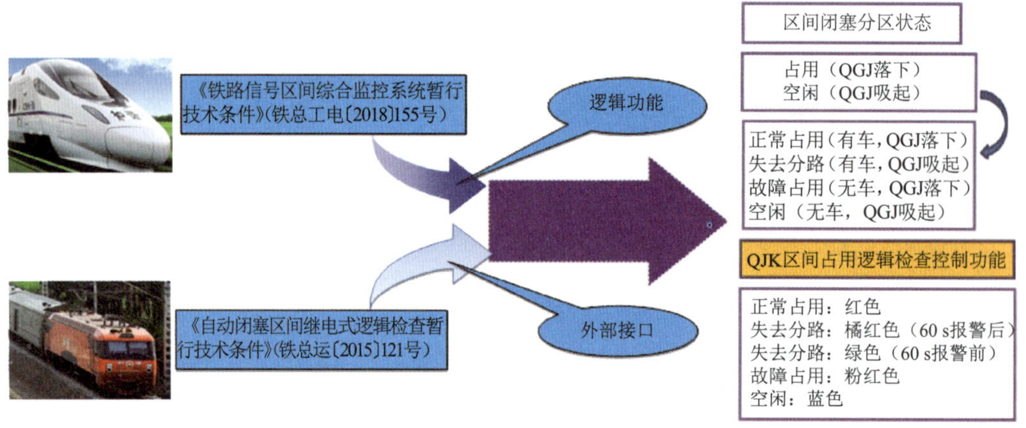

图 2—18　区间逻辑检查相关文件关系

2. 轨道区段状态定义

QJK 按照闭塞分区占用逻辑检查原则判定的状态,包括空闲、正常占用、故障占用和占用丢失四种状态。

(1) 空闲状态:闭塞分区无列车(或机车车辆),且闭塞分区设备状态为空闲;

(2) 正常占用状态:闭塞分区有列车(或机车车辆),且闭塞分区设备状态为占用;

(3) 故障占用状态:闭塞分区无列车(或机车车辆),但闭塞分区设备状态为占用;

(4) 占用丢失状态:闭塞分区有列车(或机车车辆),但闭塞分区设备状态为空闲。

二、QJK 区间占用逻辑检查原则

1. 基本定义原则

(1) QJK 应以闭塞分区(含 1LQ 区段)为基本单元进行区间占用逻辑状态判断。

(2) 当闭塞分区处于占用丢失状态时,QJK 通过继电结合电路输出相应防护。

(3) 闭塞分区保持占用丢失状态超过 60 s,QJK 向人工解锁盘输出相应报警信息,并发送给 CSM;当闭塞分区的逻辑状态不再为占用丢失时,该报警解除。

(4) QJK 可以通过 RJP 关闭或开启区间占用逻辑检查控制功能,区间占用逻辑检查控制功能关闭后,闭塞分区的状态根据闭塞分区设备状态来确定,QJK 不再对发生占用丢失的闭塞分区进行防护。

(5) QJK 实时检查本站与邻站同一区间的占用逻辑检查功能开启/关闭状态,当状态不一致时,两站 QJK 均给出报警,并将报警信息发送给本站 CSM。

2. 基本状态判定原则

(1) 调整状态时,轨道区段对应区间轨道继电器吸起,该轨道区段设备状态为空闲;分路状态时,轨道区段对应区间轨道继电器落下,则该轨道区段设备状态为占用。

(2) 当闭塞分区所辖轨道区段设备状态均为空闲,该闭塞分区设备状态为空闲;当闭塞分区所辖任意轨道区段设备状态为占用,该闭塞分区设备状态为占用。

(3) 闭塞分区设备状态由占用变为空闲且保持 3 s 以上,判定为空闲;闭塞分区设备状态由空闲变为占用时,判定为占用。

(4) QJK 上电启动时,若闭塞分区设备状态为空闲,则逻辑状态判定为空闲;若闭塞分区设备状态为占用,且运行前方相邻闭塞分区设备状态为空闲,则逻辑状态判定为正常占用,否则逻辑状态判定为故障占用。

(5) 逻辑状态为故障占用的闭塞分区,若设备状态变为空闲,则逻辑状态判定为空闲。

3. 故障占用状态维持原则

逻辑状态为故障占用的闭塞分区,设备状态保持占用时,若同时满足如下条件,则判定为正常占用,否则逻辑状态维持故障占用。

（1）运行后方相邻闭塞分区属于同一 SA 或者均未分配 SA；

（2）运行后方相邻闭塞分区原逻辑状态也为故障占用；

（3）两闭塞分区占用顺序与列车运行方向一致；

（4）运行后方相邻区段（非站内区段）所属闭塞分区逻辑状态由故障占用变为空闲。

4.正常占用状态判定原则

逻辑状态为空闲的闭塞分区，设备状态由空闲变为占用时，且同时满足如下条件则判定为正常占用，否则判定为故障占用。

（1）运行后方相邻闭塞分区与本分区属于同一个 SA（相邻分区为站内区间则无此要求）；

（2）运行后方相邻闭塞分区逻辑状态为正常占用（如果运行后方相邻的是站内区段，则条件为进路最末轨道区段占用且锁闭）；

（3）逻辑状态为空闲的闭塞分区，若设备状态保持空闲，则闭塞分区逻辑状态保持空闲。

5.普通区段空闲状态判定原则

逻辑状态为正常占用的闭塞分区（不含进站信号机外方第一闭塞分区），设备状态由占用变为空闲时，且同时满足如下条件则判定为空闲，否则判定为占用丢失。

（1）运行前方相邻闭塞分区与本分区属于同一个 SA；

（2）运行前方相邻闭塞分区原逻辑状态为正常占用；

（3）运行前方相邻闭塞分区设备状态保持占用。

6.进站口空闲状态判定原则

逻辑状态为正常占用的进站信号机外方第一闭塞分区，设备状态由占用变为空闲时，且同时满足如下条件则判定为空闲，否则判定为占用丢失。

（1）列车驶入站内，进站信号机正常关闭；

（2）进站信号机内方第一区段保持占用或由占用变为空闲。

7.占用状态保持判定原则

（1）逻辑状态为正常占用的闭塞分区，若设备状态保持占用，则逻辑状态保持正常占用。

（2）逻辑状态为占用丢失的闭塞分区，若设备状态由空闲变为占用，则逻辑状态判定为正常占用。

（3）逻辑状态为占用丢失的闭塞分区，若设备状态保持空闲，则逻辑状态保持占用丢失。

8. 特例判定原则

(1)在一个 SA 内，如果运行前方闭塞分区判定为正常占用，则该闭塞分区后方所有原判定为占用丢失状态的闭塞分区，其逻辑状态均判定为空闲，占用丢失状态及相应防护措施自动解除。

(2)在一个 SA 内，如果运行前方闭塞分区判定为正常占用，则与该分区不连续的后方所有原判定为正常占用状态的闭塞分区逻辑状态均判定为故障占用。

(3)区间办理辅助改方成功，改方前处于占用丢失状态的闭塞分区，逻辑状态判定为空闲；改方前处于空闲或故障占用的闭塞分区，其逻辑状态保持不变。

(4)在发车进路锁闭后，进路最末区段由占用变为空闲，且 1LQG 设备状态为空闲时，应将 1LQG 逻辑状态按占用丢失处理，通过保持ⅠBG 红光带实现对 1LQG 的防护。当ⅠBG 出清后，根据管理办法通过 1LQG 的 RJA 解锁该红光带。

9. 特例状态的解除

(1)由于站间距短，区间闭塞分区数量不足或列车非正常运行，导致某个或多个闭塞分区不满足自动解锁条件，遗留占用丢失状态无法自动解锁的，经人工确认列车已经驶入站内，区间实际无车占用后，通过 RJP 操作下达闭塞分区解锁命令，对遗留占用丢失的闭塞分区进行人工解锁。

(2) 进站信号机外方第一闭塞分区发生占用丢失时，系统能够实现自动防护，但应由人工下达区间逻辑状态确认命令恢复闭塞分区逻辑状态。

(3) QJK 收到 RJP 闭塞分区解锁命令时，如果该闭塞分区逻辑状态为占用丢失，则将其逻辑状态判定为空闲，否则，逻辑状态维持不变。

10. 占用丢失状态后的控制

(1) 当闭塞分区逻辑状态处于占用丢失或正常占用状态时，QJK 控制该闭塞分区的 FHJ 动作使该闭塞分区的 GJ 落下。当闭塞分区逻辑状态处于占用丢失时，在 RJP 上进行声光报警。

(2) 当区间任意闭塞分区逻辑状态处于正常占用、故障占用或占用丢失时，QJK 应禁止区间正常改方。

11. 不同设备边界区段判断原则

如果邻站使用非 QJK 方式进行逻辑检查时，区间边界的逻辑检查功能通过站联 GJ 来实现：

(1) 边界接车：本站边界区段逻辑状态为空闲状态，当边界区段设备状态由空闲变为占用时，如果邻站 GJ 为落下状态，将该边界区段判为正常占用，否则判为故障占用；

(2) 边界发车:本站边界区段逻辑状态为正常占用状态,当边界区段设备状态由占用变为空闲时,如果邻站 GJ 为落下状态,将该边界区段判为空闲,否则判为失去分路。

12. QJK 区间占用逻辑检查不适用的运营场景

(1) 列车跨压前方闭塞分区时,车尾所在的闭塞分区处于占用丢失状态;

(2) 列车在区间退行、折返、救援、分解运行(机车或车辆分离)、断钩或重联等非正常运行时;

(3) 区间列车走—停—走;

(4) 区间有车情况下,办理区间改方操作;

(5) 闭塞分区的占用丢失、故障占用、通过信号机(或进站信号机)红灯断丝等故障构成的多重故障;

(6) 区间开通反方向时,采用自动站间闭塞制式;

(7) 由于区间断电导致轨道继电器落下再恢复时;

(8) 发车方向时,进路最后一个轨道区段始终占用丢失;

(9) 列车(或机车车辆)未按车站集中联锁设备给定的正常条件越过站界运行(如按调度命令、路票或手信号向区间发出列车、由区间接入列车,越站调车等);

(10) QJK 上电启动时,列车所在的闭塞分区恰好发生占用丢失。

第五节 区间综合监控逻辑检查报警场景模拟

一、上电初始化场景

上电初始化场景模拟,如图 2—19 所示。

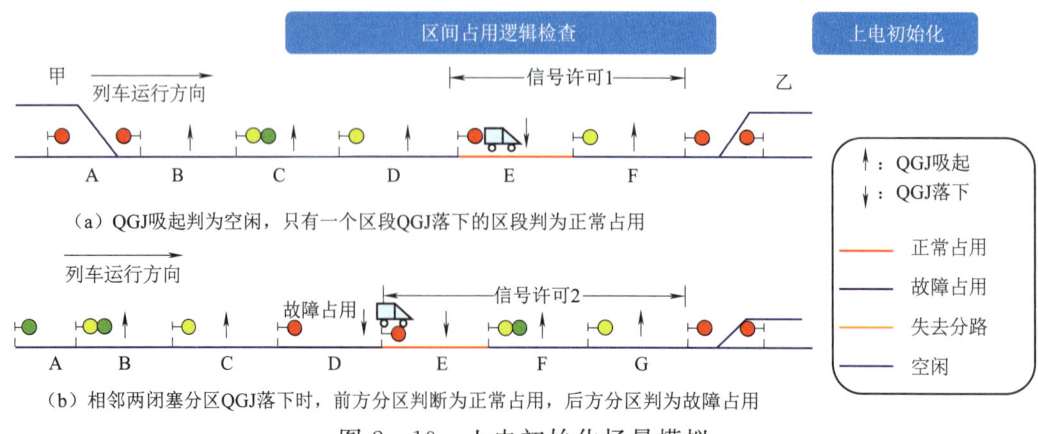

图 2—19 上电初始化场景模拟

二、列车运行场景

1. 列车出站基本场景模拟，如图 2—20 所示。

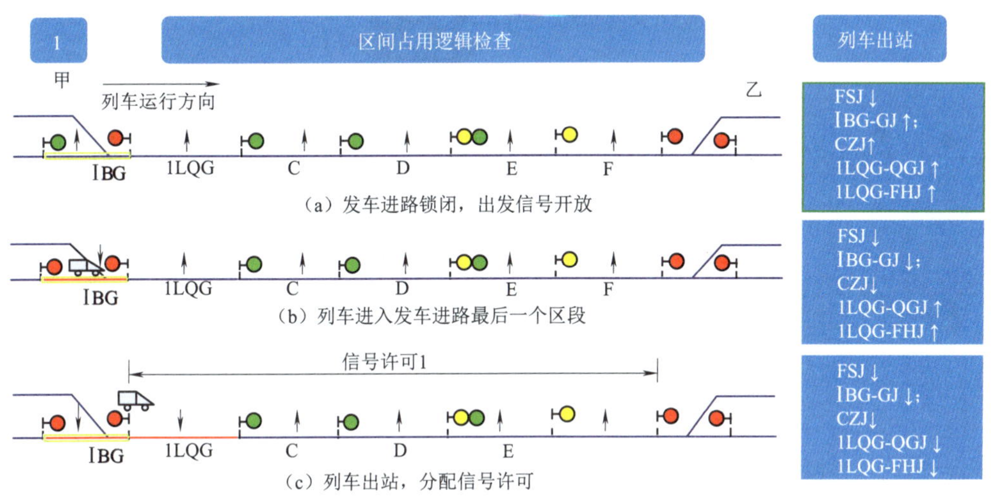

图 2—20　列车出站基本场景模拟

2. 列车出站信号许可延伸场景模拟，如图 2—21 所示。

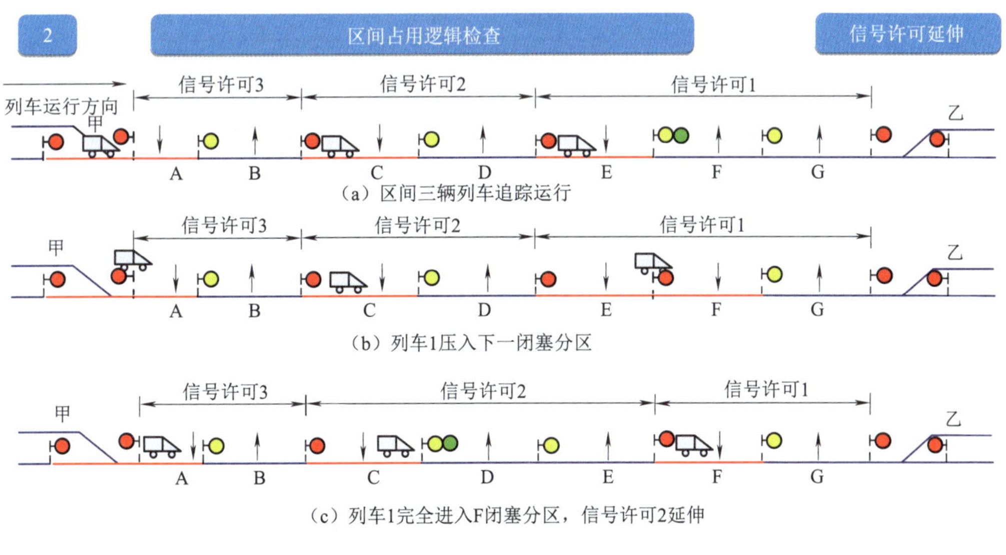

图 2—21　信号许可延伸场景模拟

3. 车列占用丢失防护场景模拟，如图 2—22 所示。

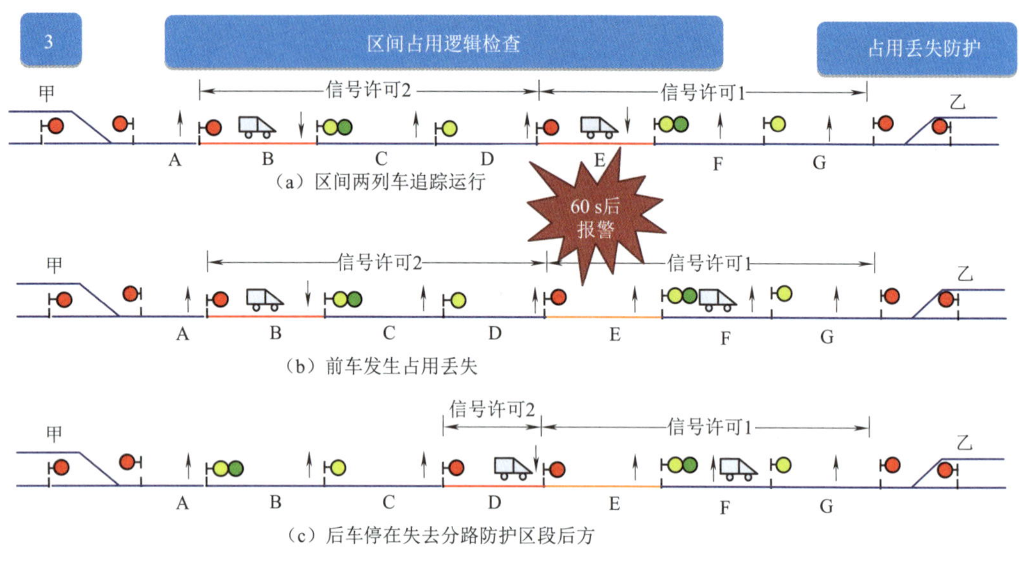

（a）区间两列车追踪运行

（b）前车发生占用丢失

（c）后车停在失去分路防护区段后方

图 2—22　车列占用丢失防护场景模拟

4. 列车进站场景模拟，如图 2—23 所示。

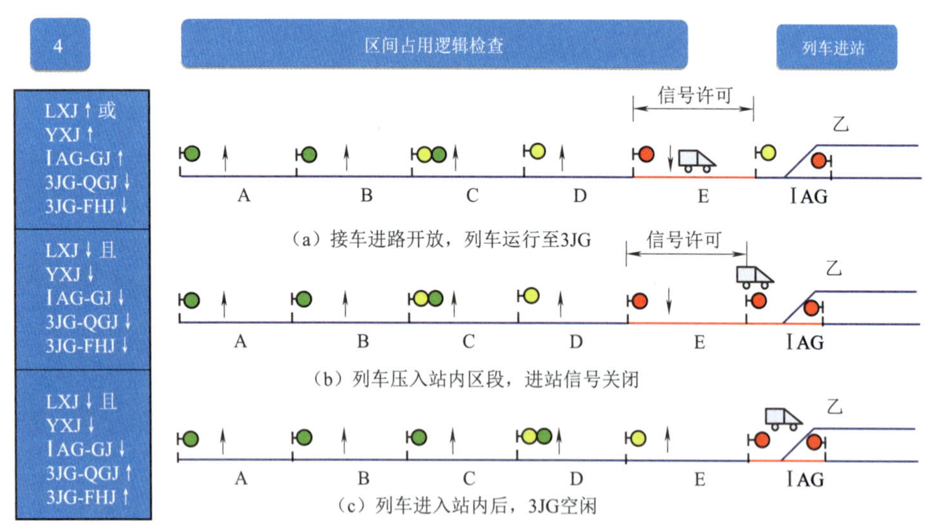

（a）接车进路开放，列车运行至3JG

（b）列车压入站内区段，进站信号关闭

（c）列车进入站内后，3JG空闲

图 2—23　列车进站场景模拟

5. 未开放信号时列车进站场景模拟，如图 2—24 所示。

6. 车列失去分路自动解锁场景模拟，如图 2—25 所示。

7. 站间通信故障，列车通过边界场景模拟，如图 2—26 所示。

8. 两站未同时开启逻辑检查功能场景模拟，如图 2—27～图 2—29 所示。

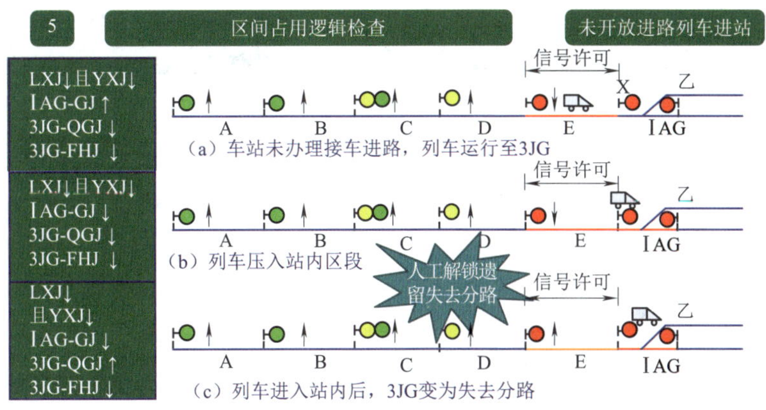

图 2—24 未开放信号时列车进站场景模拟

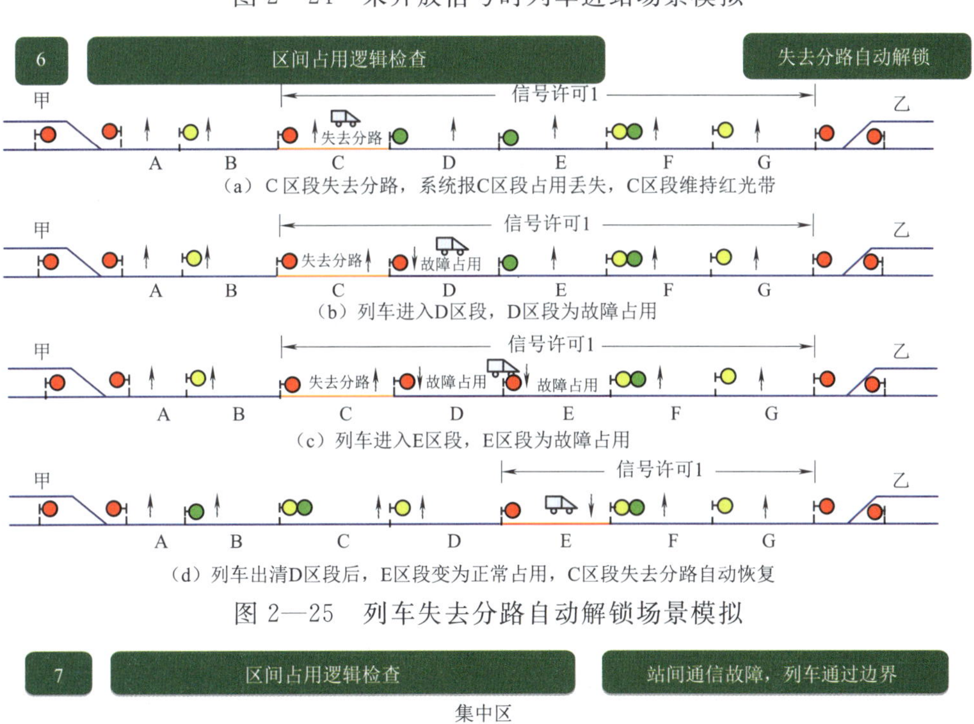

图 2—25 列车失去分路自动解锁场景模拟

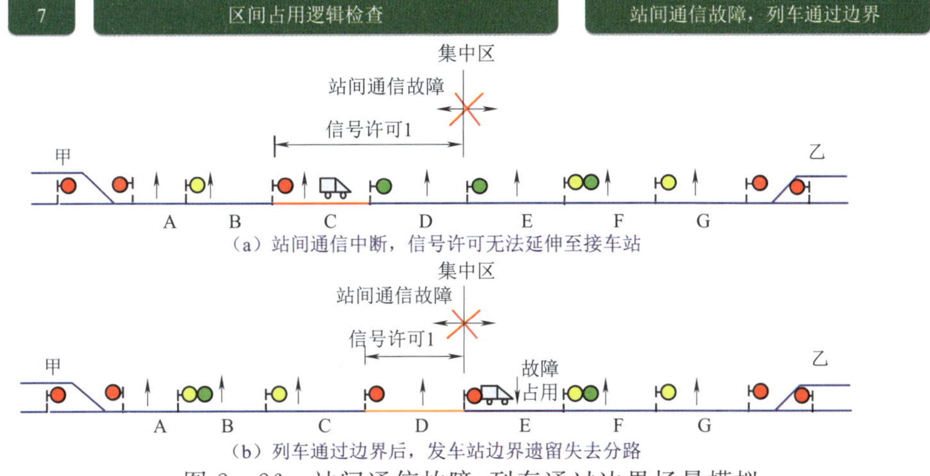

图 2—26 站间通信故障，列车通过边界场景模拟

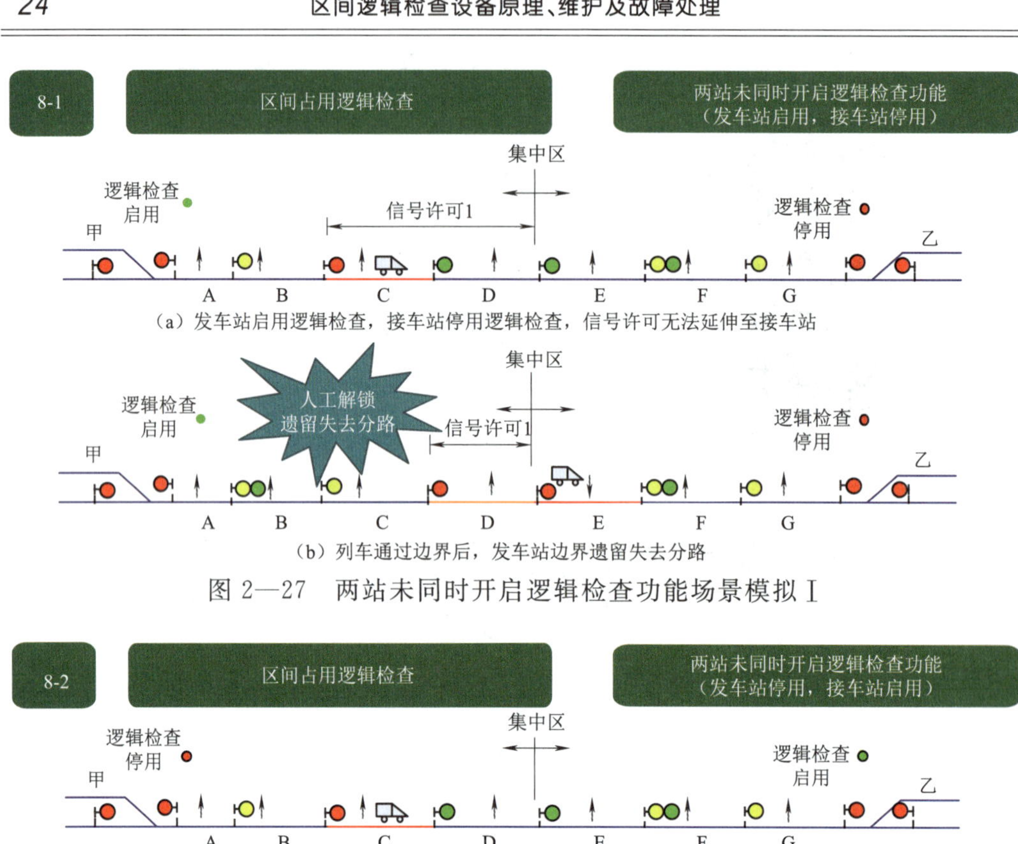

（a）发车站启用逻辑检查，接车站停用逻辑检查，信号许可无法延伸至接车站

（b）列车通过边界后，发车站边界遗留失去分路

图 2—27 两站未同时开启逻辑检查功能场景模拟Ⅰ

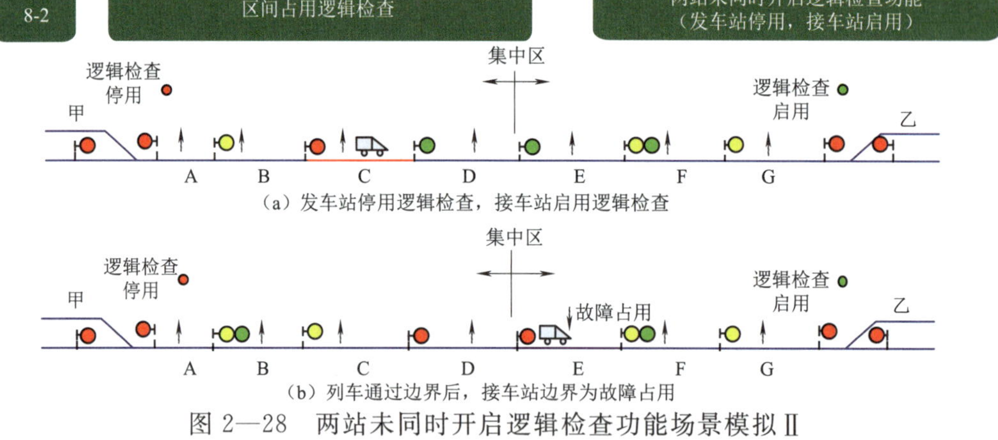

（a）发车站停用逻辑检查，接车站启用逻辑检查

（b）列车通过边界后，接车站边界为故障占用

图 2—28 两站未同时开启逻辑检查功能场景模拟Ⅱ

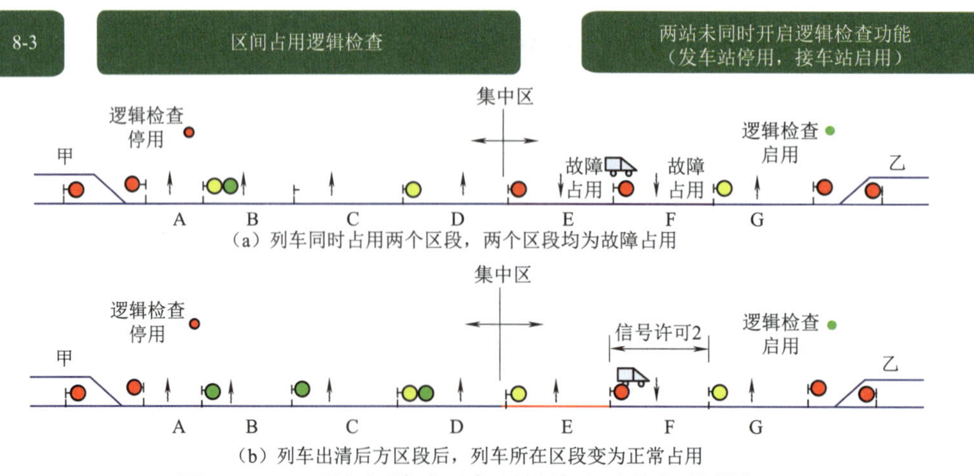

（a）列车同时占用两个区段，两个区段均为故障占用

（b）列车出清后方区段后，列车所在区段变为正常占用

图 2—29 两站未同时开启逻辑检查功能场景模拟Ⅲ

第六节　区间综合监控人工解锁盘

一、人工解锁盘盘面图

1. 人工解锁盘按钮和表示灯设置

人工解锁盘按钮和表示灯设置如图 2—30 所示。

总人工解锁按钮、区段人解按钮、切铃按钮、关闭按钮和授权按钮 5 类按钮。丢失报警灯、轨道状态灯、运行灯和通信灯共计有 4 类灯。

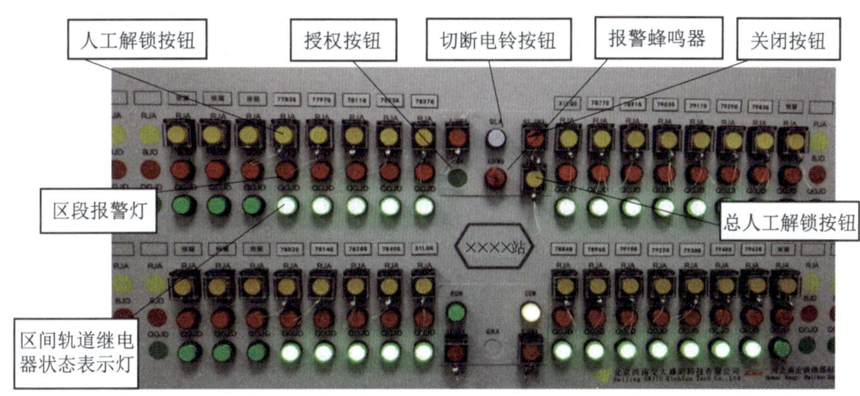

图 2—30　人工解锁盘盘面图

2. 各灯的名称及含义

(1) QGJD(区间轨道继电器状态表示灯)，如图 2—31 所示。

绿色表示灯，每个闭塞分区设置一个。绿灯亮表示区间轨道电路设备输出闭塞分区空闲信息；绿灯熄灭表示区间轨道电路设备输出闭塞分区占用信息。

(2) BJD(报警灯)，如图 2—32 所示。

红色表示灯，每个闭塞分区设置一个。红灯点亮表示本闭塞分区出现逻辑检查报警；红灯熄灭表示本闭塞分区无逻辑检查报警。

(3) RUN(运行灯)，如图 2—33 所示。

每个解锁盘设置一个运行灯，为绿色表示灯，解锁盘通电正常运行后，绿色闪烁。

(4) COM(通信灯)，如图 2—34 所示。

每个解锁盘设置一个通信灯，为黄色表示灯，解锁盘与 QJK 通信正常时，黄灯闪烁。

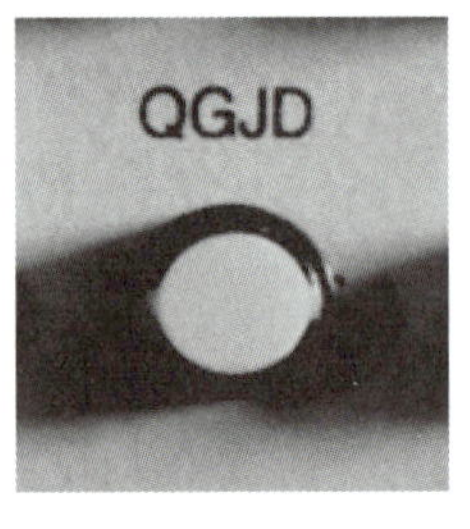

图 2—31 区间轨道继电器状态表示灯

图 2—32 报警灯

图2—33 运行灯

图2—34 通信灯

(5) BJFMQ(报警蜂鸣器),如图 2—35 所示。

车站设置一个,本站所管辖区间线路内任一闭塞分区产生逻辑检查报警时鸣响,并有红色闪光;当 RJP 与 QJK 机柜通信中断时,报警蜂鸣器间歇鸣响。

3. 各按钮的名称及用途

(1) QLA(切断电铃按钮),如图 2—36 所示。

自复式无铅封按钮,白色表示灯,车站设置一个,用于切换 BJFMQ 的鸣响/静音状态。当区间逻辑检查报警时,报警蜂鸣器鸣响,可按下 QLA,报警蜂鸣器停止响铃;当报警区段解除报警后,报警蜂鸣器重新鸣响,此时再次按下 QLA,报警蜂鸣器停止响铃。

(2) RJA(区段人工解锁按钮),如图 2—37 所示。

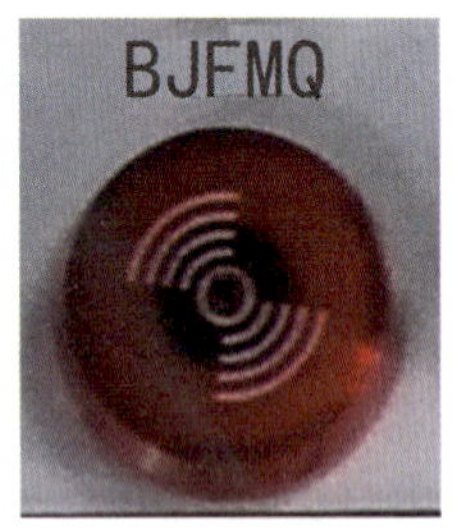

图 2—35 报警蜂鸣器

图 2—36 切断电铃按钮

图 2—37 区段人工解锁按钮

自复式带铅封按钮,带黄色表示灯 RJD,每个闭塞分区设置一个,用于人工解除闭塞分区的报警状态、对闭塞分区进行解锁时,需要同时按下 ZRJA 和对应的 RJA;当发生列车异常出站(1LQG 占用丢失)时,根据管理办法按压一离去区段的 RJA 解锁反向进站信号机内方第一区段的遗留红光带。

当对应的闭塞分区 QGJD 绿灯亮并出现逻辑检查报警时,方可按下 RJA,待 RJD 黄灯点亮后松开 RJA。当 RJD 黄灯点亮,解除该闭塞分区的防护状态及报警状态;解除防护状态后,报警灯熄灭,其防护信号机(出站信号机除外)自动改点允许灯光。

(3) GBA(关闭按钮),如图2—38所示。

自复式带铅封按钮,带红色表示灯GBD(常态熄灭),每个区间上下行线分别设置一个,用于关闭或启用对应区间线路的逻辑检查功能。当中继站解锁盘不设置GBA时,中继站区间跟随主站的GBA进行关闭。

对应区间线路的逻辑检查功能关闭时,对应区间RJD黄灯点亮,GBD红灯点亮。对应区间线路的逻辑检查功能启用时,对应区间RJD黄灯熄灭,GBD红灯熄灭。当车站在该区间管辖范围内有中继站时,如果车站与中继站通信中断,对应的GBD会闪烁。

(4) ZRJA(总人工解锁按钮),如图2—39所示。

自复式带铅封按钮,每个解锁盘设置一个,同时按下ZRJA和RJA可对相应的闭塞分区进行解锁。每次按下ZRJA按钮只能对一个闭塞分区进行解锁。

(5) SQA(授权按钮),如图2—40所示。

图2—38　关闭按钮

图2—39　总人工解锁按钮

图2—40　授权按钮

注:SQA也称为RQHA,人解盘切换按钮。

自复式带铅封按钮,带红色表示灯SQD。当存在远程解锁盘时,在本地解锁盘和对应远程解锁盘各设置一个。默认状态下本地解锁盘上的按钮无效,本地解锁盘SQD闪烁,远程解锁盘SQD常亮;按下对应远程解锁盘的SQA,可切换至本地解锁盘按钮有效,本地解锁盘SQD常亮,远程解锁盘SQD闪烁,再次按下对应远程解锁盘的SQA,可恢复至远程解锁盘按钮有效。当中继站与主站通信中断或远程解锁盘故障时,可按下本地解锁盘的SQA,切换至本地解锁盘按钮有效。

二、人解盘的常用操作

1. 闭塞分区解锁操作

同时按下ZRJA和发生报警的闭塞分区的RJA,可对相应的闭塞分区进行人工解锁。

2. 区间占用逻辑检查功能的停用和启用

区间逻辑检查开启时，按下 GBA，该区间关闭逻辑检查功能；区间逻辑检查关闭时，按下 GBA，该区间开启逻辑检查功能。同一区间两端站的车站值班员应分别进行关闭和开启操作。

3. 切断电铃鸣响

发生占用丢失报警时，报警蜂鸣器报警鸣响，按下 QLA，报警蜂鸣器停止鸣响；占用丢失恢复后，报警蜂鸣器再次鸣响，按下 QLA 后，报警蜂鸣器停止鸣响。

4. 授权操作

远程解锁盘主用时，按下远程解锁盘的 SQA 后，远程解锁盘切换为备用，本地解锁盘切换为主用；再次按下远程解锁盘的 SQA 后，远程解锁盘切换为主用，本地解锁盘切换为备用。

当中继站与主站通信中断或远程解锁盘故障时，可按下本地解锁盘的 SQA，使本地解锁盘主用。

5. 使用注意事项

(1) 在进行按钮按下操作时，需至少保持按下状态 1 s；

(2) 对发生报警的闭塞分区进行解锁时，需要同时按下 ZRJA 和 RJA，同一按钮两次按下操作至少间隔 13 s；

(3) 每按下一次 ZRJA，可进行一个闭塞区段的解锁操作，在进行第 2 个闭塞区段的解锁操作前，需要松开 ZRJA，然后再次按下；

(4) 如果 RJP 所有表示灯闪烁的同时报警蜂鸣器间歇鸣响，表明 RJP 与 QJK 机柜通信中断；

(5) 解锁盘发生故障时，会导致解锁盘的表示灯熄灭、按钮无效或报警蜂鸣器无法鸣响，如遇以上异常，请立即通知电务人员维修；

(6) 逻辑检查功能开启/关闭时，应以区间为单元，两端站车站值班员或电务人员按操作权限分别进行开启/关闭操作。

第七节　区间综合监控维护终端

一、站场实时界面

1. 主界面显示

正常工作时，打开机柜门解锁拉出维护终端的 KVM，可以在 KVM 上查看设备运行状态，信息包括报警、实时运行信息、站场显示、设备状态、信息查询和版本显示等，如图 2—41 所示。

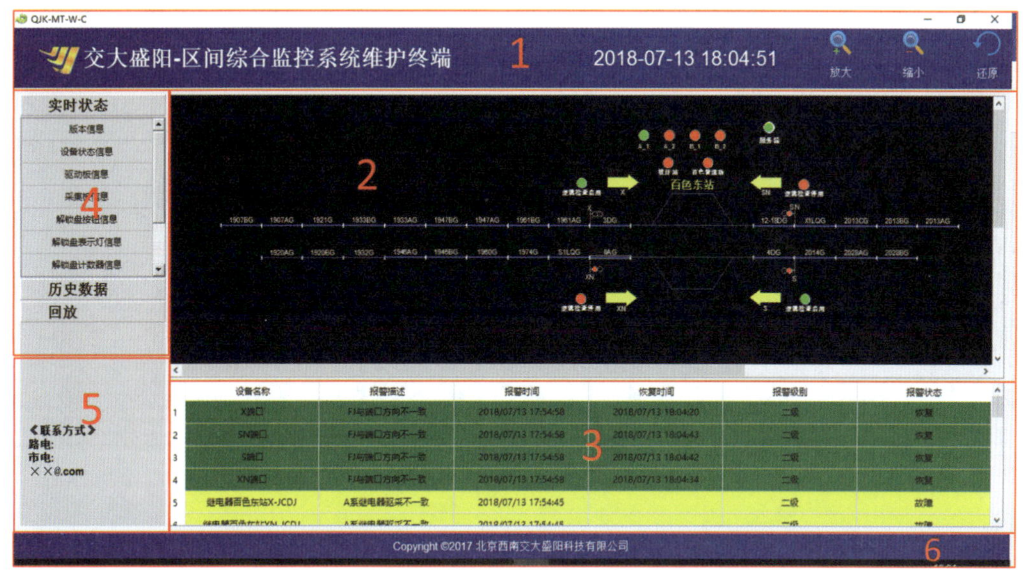

图 2—41　显示维护终端站场界面

2. 维护终端主界面区域划分

主界面各区域的名称、位置与说明见表 2—3。

表 2—3　各区域的名称、位置与说明

序　号	界面区域	位　　置	说　　明
1	标题栏	顶部	显示软件名称和日期时间
2	主显示区	中间黑色区域	显示连接状态、区间方向和区段状态等
3	报警及恢复信息区	中部偏下位置	显示报警及恢复相关信息
4	导航栏	左侧偏上区域	提供所有信息的查询导航菜单
5	联系方式	左侧偏下区域	显示联系方式
6	版权声明	底部	显示版权归属

(1) 主界面 CPU 标识，如图 2—42 所示。

逻辑检查系统 CPU 标识由 CPU 名称与颜色两部分组成，具体定义见表 2—4、表 2—5。

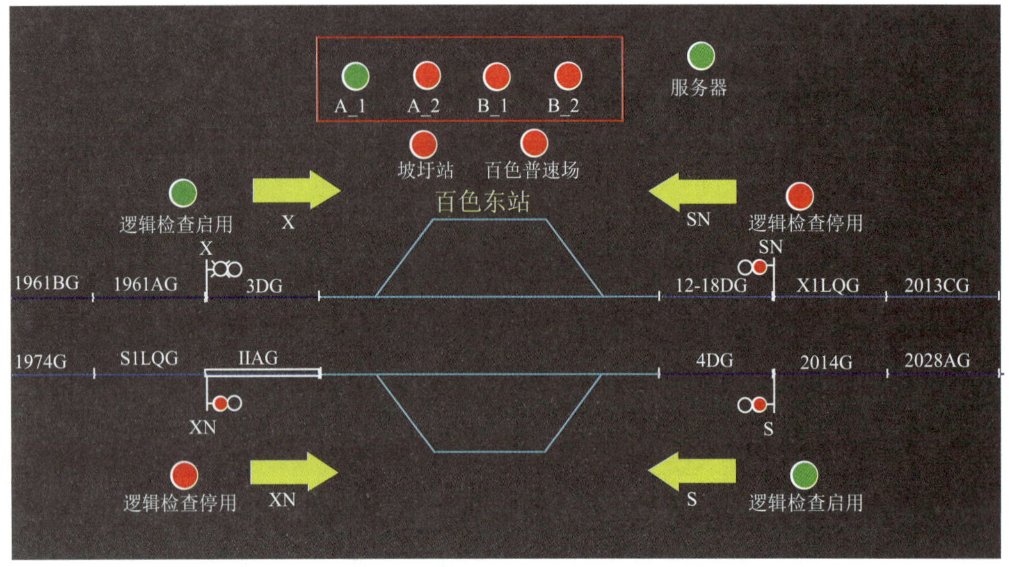

图 2—42　主界面 CPU 标识

表 2—4　逻辑检查系统 CPU 名称定义

名　称	说　明
A_1	Ⅰ系 CPU1
A_2	Ⅰ系 CPU2
B_1	Ⅱ系 CPU1
B_2	Ⅱ系 CPU2

表 2—5　逻辑检查系统 CPU 标识的颜色定义

序　号	颜　色	说　明
1	绿色	CPU 所在系工作在主系状态
2	黄色	CPU 所在系工作在备系状态
3	灰色	CPU 所在系工作在离线状态
4	红色	CPU 所在系工作在故障状态或与维护终端通信中断

（2）通信站标识，如图 2—43 所示。

通信站标识由通信站名称和颜色组成。名称即为对应车站名称，颜色定义见表 2—6。

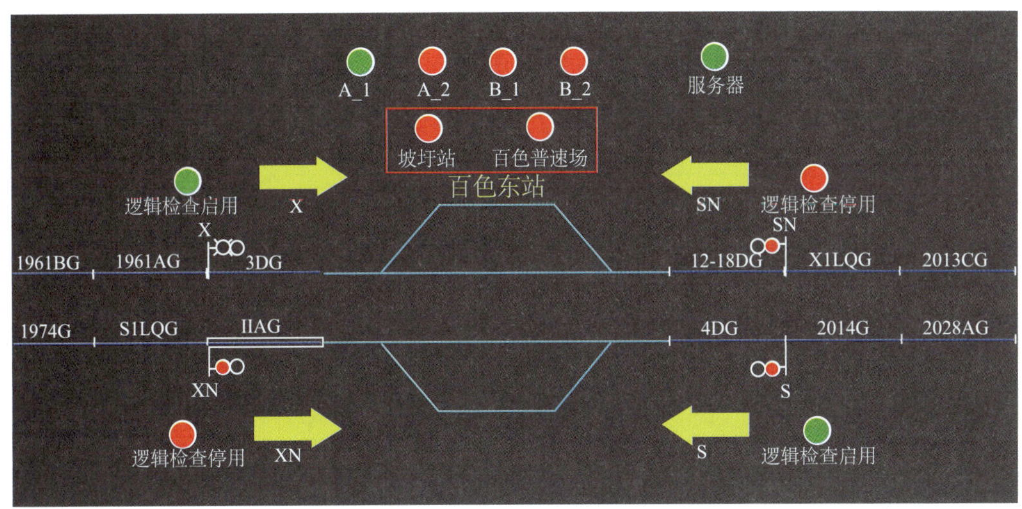

图 2—43　通信站标识

表 2—6　通信站标识颜色定义

序　号	颜　色	说　明
1	绿色	通信站双通道通信均正常
2	黄色	通信站单通道通信正常
3	红色	通信站双通道通信均故障

(3)服务器连接状态标识,如图 2—44 所示。

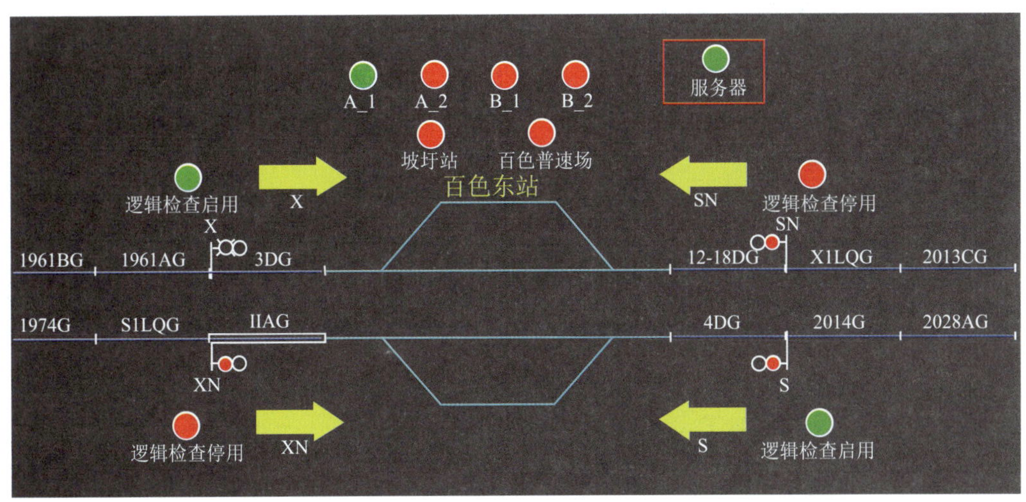

图 2—44　服务器连接状态标识

服务器连接状态标识由文字“服务器”和实心圆组成,颜色定义见表 2—7。

表 2—7　服务器连接状态标识颜色定义

序　　号	图　　例	说　　明
1	绿色	维护终端工作正常
2	红色	维护终端工作异常

（4）区间方向标识，见表 2—8。

表 2—8　区间方向标识颜色定义

序　　号	箭头颜色	说　　明
1	黄色	区间方向标识颜色为黄色且指向站内表示接车
2	绿色	区间方向标识颜色为绿色且指向站外表示发车

（5）区段状态标识，见表 2—9。

表 2—9　区段状态标识颜色定义

序　　号	图　　例	颜色描述	逻辑状态
1	 XWG	红色	正常占用
2	 2270G	蓝色	空闲
3	 0551G	橘红色	占用丢失
4	 0510G1	粉红色	故障占用
5	 0551G	绿色	出清（占用丢失 60 s 判断中）

（6）区间逻辑检查状态标识，如图 2—45 所示。

系统周期显示区间占用逻辑检查开启关闭状态，状态指示定义见表 2—10。

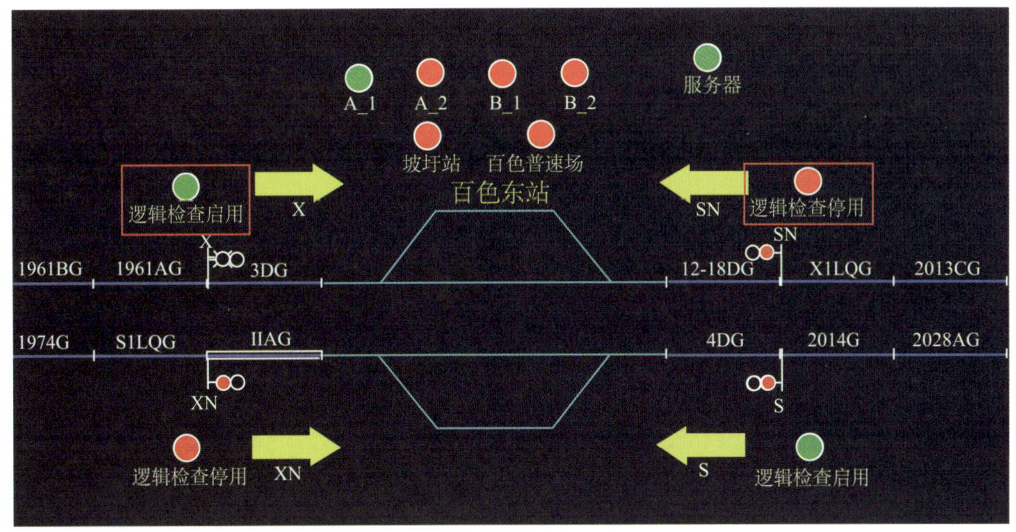

图 2—45　区间逻辑检查状态标识

表 2—10　占用逻辑检查开启关闭状态定义

序　号	图　例	含　义
1	逻辑检查启用	绿色指示灯恒亮，表示区间占用逻辑检查功能全部开启； 绿色指示灯闪烁，表示区间占用逻辑检查功能部分开启
2	逻辑检查停用	红色指示灯恒亮，表示区间占用逻辑检查功能全部停用； 红色指示灯闪烁，表示区间占用逻辑检查功能部分停用

二、站场查询功能界面

1. 实时状态显示功能

点击左侧导航栏中的实时状态，可实时显示系统运行状态，包括：版本信息、设备状态信息、驱动板信息、采集板信息、解锁盘按钮信息、解锁盘表示灯信息、解锁盘计数器信息、站间通信发送信息、站间通信接收信息和逻辑控制信息，如图 2—46 所示。

2. 历史数据查询功能

点击左侧导航栏中的历史数据，可根据实际需要查询系统运行数据，包括：平台状态、应用状态、继电器采集信息、继电器驱动信息、自动闭塞区间状态维护、区间方向控制、采集方向控制、区间占用逻辑、报警信息、解锁盘接收信息、解锁盘发送信息、平台统计信息、UPS 信息、设备连接状态、宕机信息和站间通信信息，如图 2—47 所示。

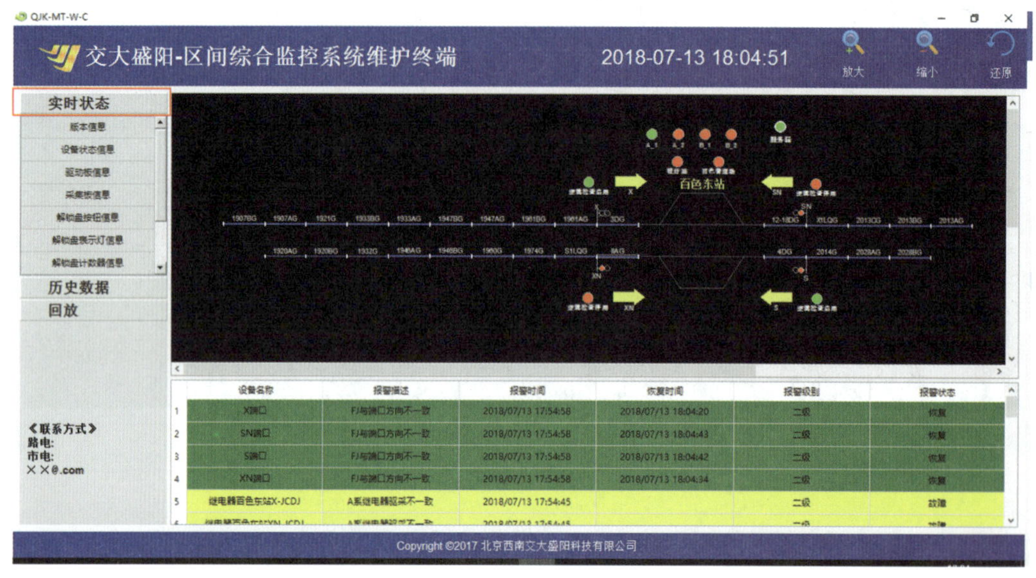

图 2—46　系统运行状态信息

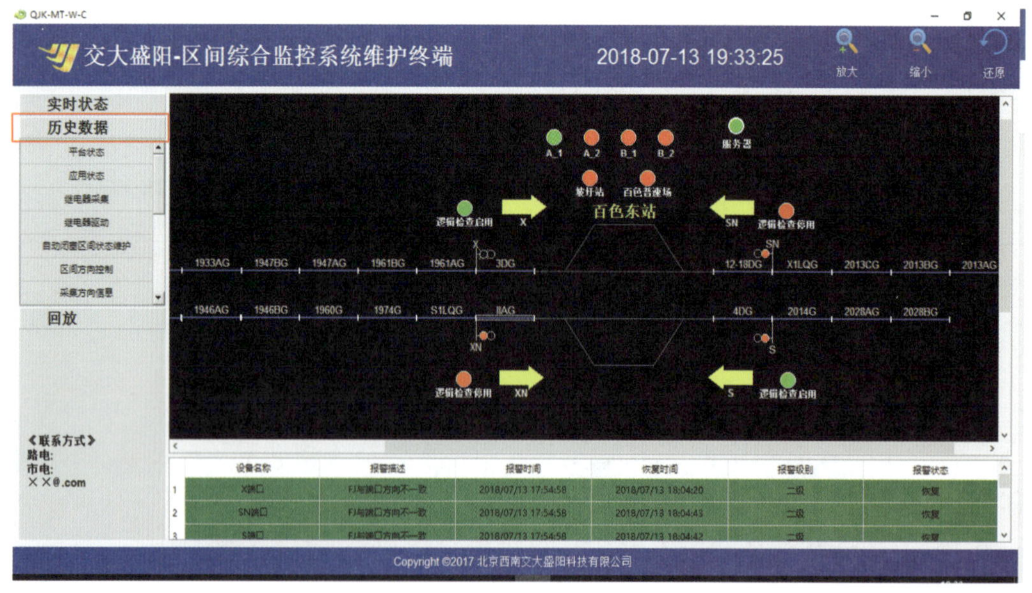

图 2—47　历史数据查询界面

3. 历史记录回放功能

点击左侧导航栏中的回放，显示出回放功能的下拉子菜单，在下拉菜单中选择回放，弹出回放功能控制菜单，在控制菜单中选择回放日期、时间和回放速度，然后点击确定按钮，再点击播放即可完成回放功能，如图 2—48 所示。

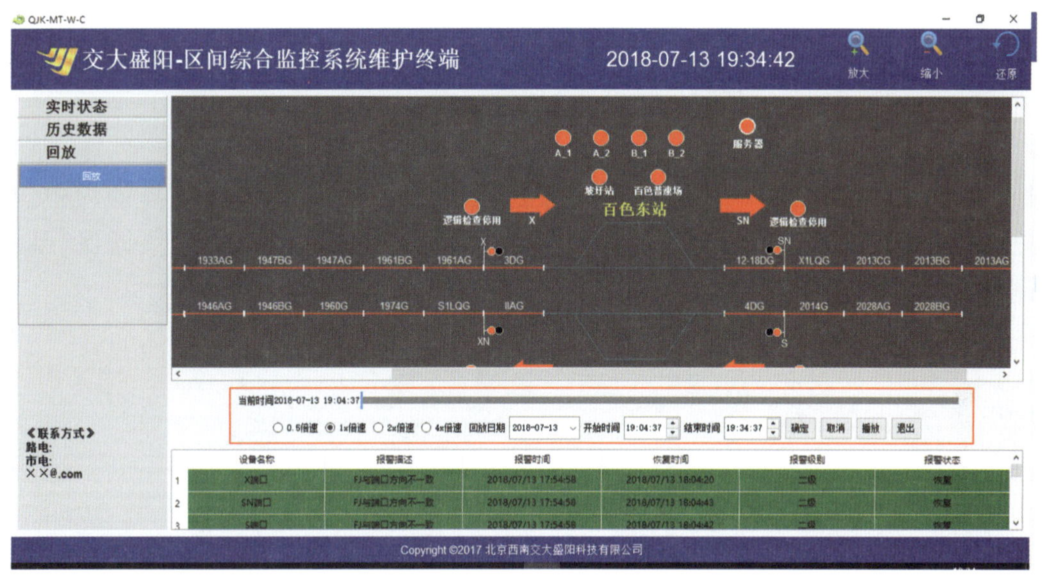

图 2—48　历史记录回放界面

注：①只能回放 30 min 以内的数据；②点击“退出”关闭回放功能控制菜单退出回放功能。

4. 报警信息功能

在报警及恢复信息区显示了所有时刻的报警和恢复信息，可拖动顶部上拉或下拉放大或缩小区域，也可通过右侧滚动条查看未显示信息，如图 2—49 所示。

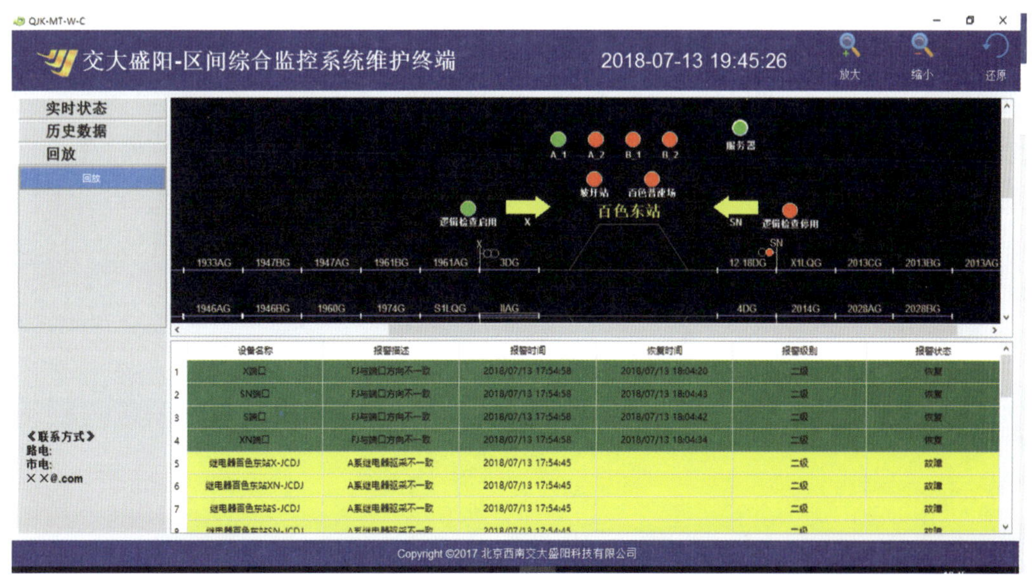

图 2—49　报警信息显示界面

报警信息包括了报警或报警恢复发生的设备、报警描述、报警时间、恢复时间(报警信息无恢复时间)、报警级别和报警状态等内容。其中,黄色表示报警,绿色表示恢复。

5.运行数据记录功能

维护终端的数据记录包括以下几类:状态数据、报警和故障数据、解锁盘按钮统计数据和监控日志。其中状态数据、报警和故障数据是以日期为单位进行存储。解锁盘按钮统计数据和监控日志为一个文件。状态数据保存时间为3个月,其他数据应一直保存。

第三章　继电式区间逻辑检查设备

第一节　继电式区间逻辑检查系统

一、系统概况

1. 设备名称

继电式逻辑检查功能各设备的基本信息见表 3—1。

表 3—1　逻辑检查设备相关继电器基本信息表

代　号	名　　称	说　　明
ⅠBG	站内轨道区段	发车站正方向发车进路中最后一个轨道区段
ⅠAG	站内轨道区段	接车站正方向接车进路中第一个轨道区段
3JG	车站正方向进站第三接近区段	即正方向进站信号机外方相邻的闭塞分区
CZJ	出站继电器	1. 新增继电器，每个正方向发车口设一台，JWXC-1700 型，常态↑； 2. 出站信号机开放后，列车正向发车并占用发车进路最末区段后↓； 3. 列车占用 1LQ 使 QGJF 、JLJ↓，并出清ⅠBG 后 CZJ↑并自闭； 4. 1LQ RJA 按下，或本区间线路 GBA 按下，或区间开通反方向时，CZJ↑
JZJ	进站继电器	1. 新增继电器，每个正方向接车口设一台，JWXC-1700 型，常态↓； 2. 正向进站信号机开放（LXJ↑）、列车进站后，或ⅠAG 轨道电路正常且空闲时进站信号机显示引导信号、列车进站后，JZJ↑并自闭；列车完全进站、3JG GJ↑后 JZJ 恢复↓
YXJF	YXJ 的复示继电器	1. 新增继电器，每架正方向进站信号机设一台，JWXC-1700 型，常态↓； 2. ⅠAG 空闲时，进站信号机显示引导信号（YXJ↑）后↑； 3. 列车占用ⅠAG 或 YXJ↓ 时，经缓放约 2.5 s 后↓

续上表

代　号	名　　称	说　　明
QGJ	区间轨道继电器	1. 既有继电器，由 ZPW-2000A 接收设备直接驱动，反映其工作状态； 2. 每个区间轨道区段设一台，JWXC-1700 型，常态↑
QGJF	区间轨道复示继电器	1. 新增继电器，是既有 QGJ 的复示继电器； 2. 每个逻辑检查区段设一台，JWXC-1700 型，常态↑
GJ	轨道继电器	1. 既有继电器，由 QGJ 驱动并具有缓吸特性，用于信号控制电路； 2. 每个区间轨道区段设一台，JWXC-1700 型，常态↑； 3. 逻辑检查区段 GJ 的励磁电路中串联了本区段 JLJ 的前接点，故其具有逻辑检查功能
JLJ	记录继电器	1. 新增继电器，每个逻辑检查区段设一台，常态↑； 2. 1LQ 区段的 JLJ 为 JWXC-H340 型，各闭塞分区的 JLJ 为 JWXC-1700 型； 3. 1LQ 区段的 JLJ：列车出站、占用 1LQ(或虽未占用 1LQ 但出清发车站末区段)时↓；2LQ GJ↓、出清 1LQ 且 CZJ↑后恢复↑并自闭； 4. 除 3JG 之外各闭塞分区的 JLJ：上一区段 GJ↓并占用本闭塞分区时↓；下一闭塞分区 GJ↓并出清本闭塞分区后恢复↑并自闭； 5. 3JG 闭塞分区的 JLJ：上一闭塞分区 GJ↓并占用本闭塞分区时↓；JZJ 励磁并出清本闭塞分区后恢复↑并自闭； 6. 本区段 RJA 按下，或本区间线路 GBA 按下，或区间开通反方向时，JLJ↑
RJJ	(逻辑检查区段) 人工解锁继电器	1. 新增继电器，每个逻辑检查区段设一台，JWXC-H340 型，常态↓； 2. 本区段的 RJA 按下，或本区间线路 GBA 按下，或区间开通反方向时，RJJ↑
BJ	(逻辑检查区段) 逻辑检查报警继电器	1. 新增继电器，每个逻辑检查区段设一台，$JSBXC_1$-870B04 型，常态↓(励磁延时为 60 s)； 2. 本区段的 QGJF↑、JLJ↓，经 60 s 后↑(输出报警)，QGJ↓时↓； 3. 本区段的 RJA 按下，或本区间线路对应的 GBA 按下，或区间开通反方向时，BJ↓
ZBJ	(逻辑检查) 总报警继电器	1. 新增继电器，全站设一台，JWXC-1700 型，常态↓； 2. 本站管辖范围内任一逻辑检查区段 BJ↑时↑； 3. 本站管辖范围内全部逻辑检查区段 BJ↓后恢复↓
GBJ	(区间逻辑检查功能) 关闭继电器	1. 新增继电器，车站所辖各区间线路设一台，JWXC-1700 型，常态↓； 2. 本区间线路的 GBA 按下时↓

2.继电式逻辑检查基本技术条件

继电式区间逻辑检查适用于采用继电编码的 ZPW-2000 系列四显示自动闭塞区段,其主要防护功能有:

(1)符合《自动闭塞区间继电式逻辑检查技术条件》(铁总运〔2015〕121号)文件的规定。

(2)逻辑检查电路具有防护功能和报警功能。

(3)逻辑检查电路以逻辑检查区段为单元进行逻辑检查判断。

(4)正常运营场景下,逻辑检查电路能对自动闭塞区间进行逻辑检查。各逻辑检查区段的轨道电路接收设备动作时序不符合铁总运〔2015〕121 号文的规定时,逻辑检查电路进行防护,60 s 后相关区段输出报警。其安全性不低于现行有关技术标准的规定。

(5)正常运营场景下,列车自逻辑检查区段"占用丢失"时:

①逻辑检查电路能对"占用丢失"区段进行防护。

②"占用丢失"持续 60 s,该区段输出报警。

③本区段报警后,如本区段或其下一区段能正常分路,该报警自动解除。

④本区段报警后,如其下一区段始终失去分路,该防护不会自动解除。

(6)逻辑检查的结果以控制信号机点灯及区段发码的各逻辑检查区段的 GJ 状态作为输出,相关区段发码符合《铁路技术管理规程(普速铁路部分)》及《机车信号信息定义及分配》(TB/T 3060—2002)的规定。

二、继电式逻辑检查

1.基本控制原理

(1)针对既有的闭塞分区单元电路中的 GJ 励磁电路进行修改,在其励磁条件中串联接入本闭塞分区的 JLJ 前接点条件。

(2)区间各区段轨道电路正常工作时(轨道电路接收设备能正确反映区段的空闲/占用),逻辑检查电路不对既有闭塞电路产生影响;信号控制电路实现的技术条件与未设继电式逻辑检查电路相同。

(3)列车在区间运行,正常情况下(各区段轨道电路的工作状态能正确反映空闲/占用情况),JLJ 的状态与 QGJ 保持一致:列车占用时失磁、列车出清时励磁。

2.防止误报警处理

(1)当列车在某一闭塞分区出现闭塞分区的 QGJ 不能随 JLJ 同步落下,超过规定时间 60 s 的"失去分路"情况,进行失去分路报警。

(2)为防止本区段 QGJ 闪红对 JLJ 产生的影响,对 JLJ 设置防止闪红的自闭电路。

(3)区间正方向运行时,如列车占用某一闭塞分区后失去分路,则其防护信号机保持红灯,并给出逻辑检查报警,如本闭塞分区恢复正常占用状态,其列车运行后方各相关闭塞分区的防护信号机能恢复正常的显示状态;当下一闭塞分区经列车分路且出清本闭塞分区后,本闭塞分区的防护信号机自动改点允许信号。

(4)区间正方向运行时,如列车出清上一闭塞分区后本闭塞分区尚未分路,则上一闭塞分区的防护信号机保持红灯,并给出逻辑检查报警;当本闭塞分区经列车分路且出清上一闭塞分区后,上一闭塞分区的防护信号机自动改点允许信号(本闭塞分区的防护信号机改点红灯)。

(5)逻辑检查电路判定区间轨道区段失去分路后,如后续列车占用/出清闭塞分区符合逻辑检查的顺序条件,防护失去分路闭塞分区的通过信号机的红灯显示可恢复正常显示状态。

3. 站内与区间结合电路

(1)车站正向出站第一离去区段遇轨道电路失去分路时,能检查并进行防护(出站信号机不能再次开放)。

(2)区间连续两个或多个闭塞分区(或 1LQ 区段)出现故障红光带时,线路开通方向第一个区段给出逻辑检查报警。故障红光带自行恢复后,线路开通方向的第一个闭塞分区(或 1LQ 区段)的 GJ 自动恢复励磁;其他闭塞分区的 GJ 仍失磁,并给出逻辑检查报警。

(3)可以对正向发车进路站内最后一个轨道区段进行占用丢失防护并报警。

(4)区间开通反向运行时,逻辑检查功能关闭。

第二节　继电式区间逻辑检查设备组成、电路原理

一、新增的设备、器材

1. 主要增设继电器

(1)每个闭塞分区(及 1LQ 区段)增设“记录继电器(JLJ)”,用以记录列车占用上一闭塞分区、本闭塞分区以及下一闭塞分区的情况。

(2)每个闭塞分区(及 1LQ 区段)增设“报警继电器(BJ)”及与其配套使用的阻容元器件,用以监督其 QGJ 与 JLJ 的状态一致性。

(3)每个闭塞分区(及 1LQ 区段)增设“人工解锁继电器(RJJ)”,用以对 CZJ、JLJ、BJ 进行恢复。

(4)每个闭塞分区(及 1LQ 区段)增设既有 QGJ 的复示继电器(QGJF),根据需要增设其他相关的复示继电器。

(5)每个车站增设相应的“总报警继电器(ZBJ)”,为对应的每条区间线路提供总报警条件。

(6)车站每个正方向发车口增设“出站继电器(CZJ)”等相关器材,用以记录列车自发车站正常发车、进入站内发车进路末区段的过程。

(7)车站每个正方向接车口增设“进站继电器(JZJ)” 等相关器材,用以记录列车自区间进入本站的过程。

(8)针对车站每架正方向进站信号机增设一台 YXJ 的复示继电器(YX-JF)及配套阻容元件,用于记录进站信号机内方第一区段轨道电路正常且空闲时开放引导信号。

(9)车站所辖每一区间线路增设一台“GBJ”,用以提供“区间逻辑检查功能”关闭条件。

2. 主要增设相关器材

(1)对于区间各闭塞分区及 1LQ 区段,新增设的 QGJF、JLJ、BJ、RJJ 共 4 台继电器,共计 4 个继电器位置,占用半个组合;

(2)每站新增的 JZJ、CZJ、YXJF 以及 RC 阻容元件,与前四个继电器合用一个组合;

(3)每站新增的区间逻辑检查 GBJ 继电器与新增的 ZBJ 继电器及硅整流器(及其配套元器件)合用一个组合。

(4)每个车站增设硅整流器(ZG),为人工解锁盘提供表示电源。

二、新增及修改电路原理

1. 新增设电路原理

(1)JLJ(记录继电器)电路,如图 3—1 所示。

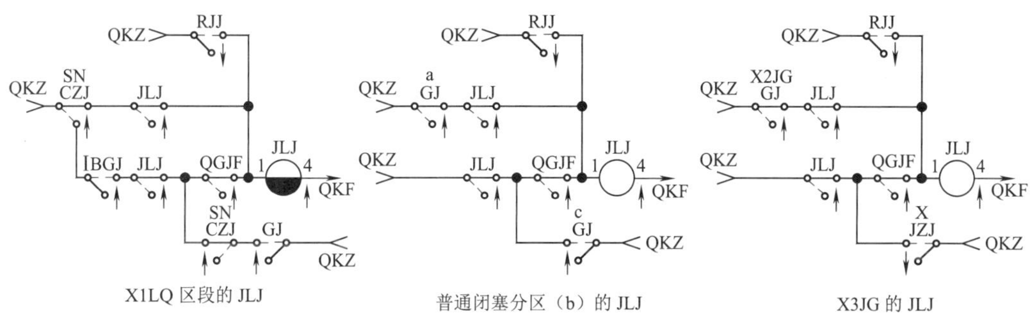

图 3—1　JLJ 电路

(2)正方向进站信号机 YXJF(引导复示继电器)电路,如图 3—2 所示。

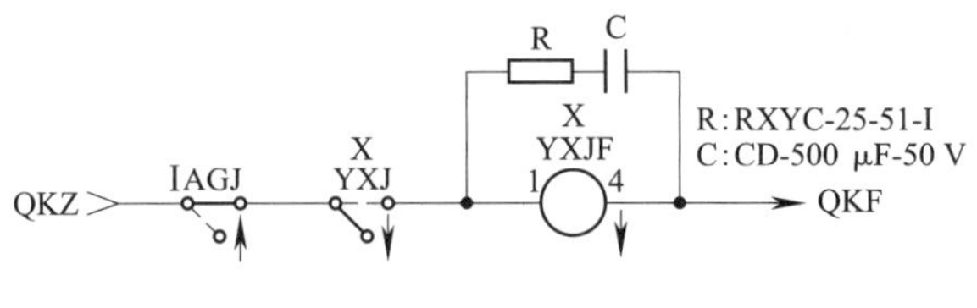

图 3—2　YXJF 电路

(3)CZJ(出站继电器)电路,如图 3—3 所示。

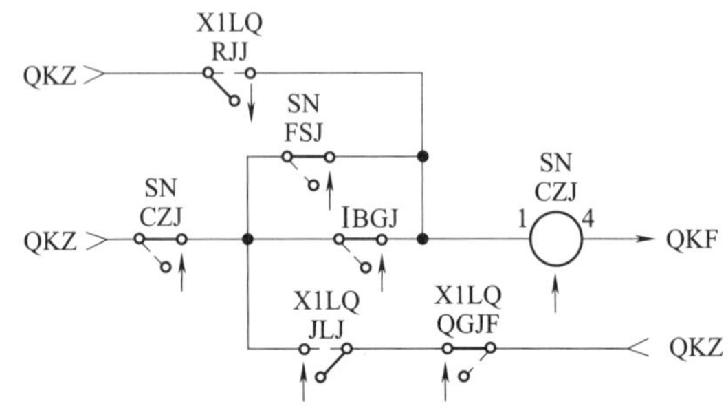

图 3—3　CZJ 电路

(4)JZJ(进站继电器)电路,如图 3—4 所示。

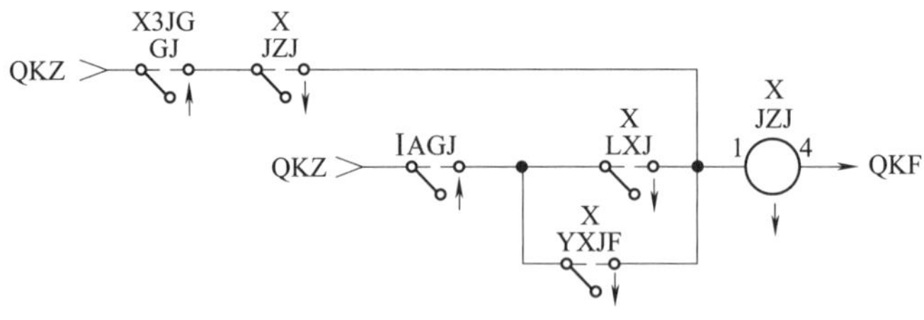

图 3—4　JZJ 电路

(5)GBJ(关闭继电器)及条件电源(QKZ-GBJ-Q)电路,如图 3—5 所示。

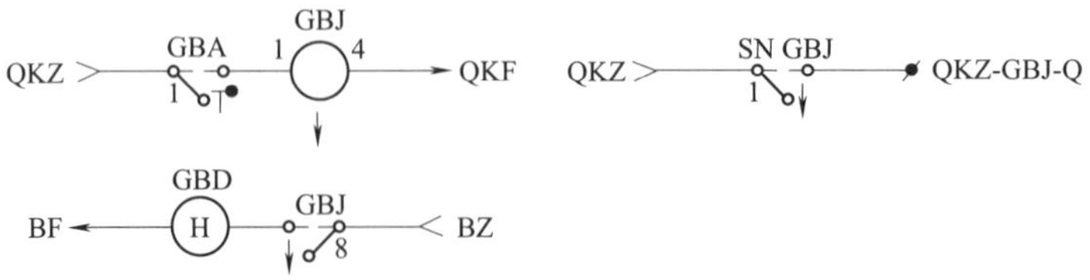

图 3—5　GBJ(QKZ-GBJ-Q)条件电源电路

(6)RJJ(人工解锁继电器)、BJ(报警继电器)、ZBJ(总报警继电器)电路,如图 3—6 所示。

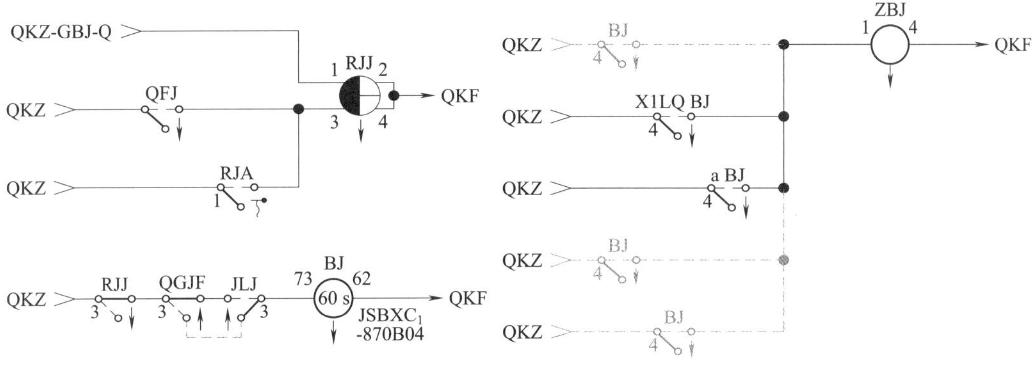

图 3—6　RJJ、BJ、ZBJ 电路

2. 修改既有相关电路

修改后的 GJ(轨道继电器)局部电路，如图 3—7 所示。

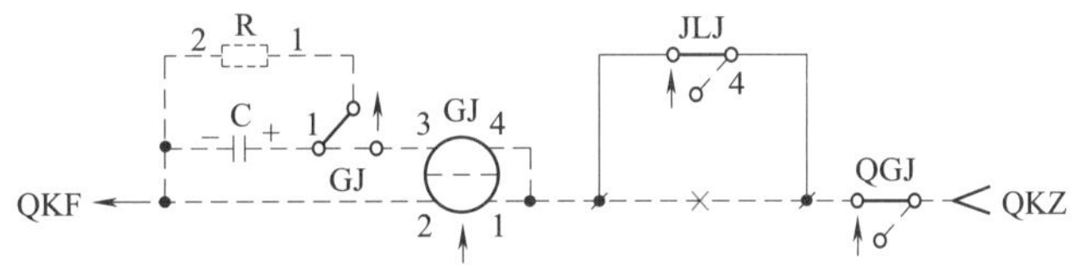

图 3—7　修改后的 GJ 局部电路

三、TDCS、集中监测、联锁设备结合电路原理

1. TDCS 结合电路修改

针对各闭塞分区(及 1LQ 区段)修改 TDCS 对轨道电路的采集条件，由采集 QGJ 修改为 GJ，如图 3—8 所示。

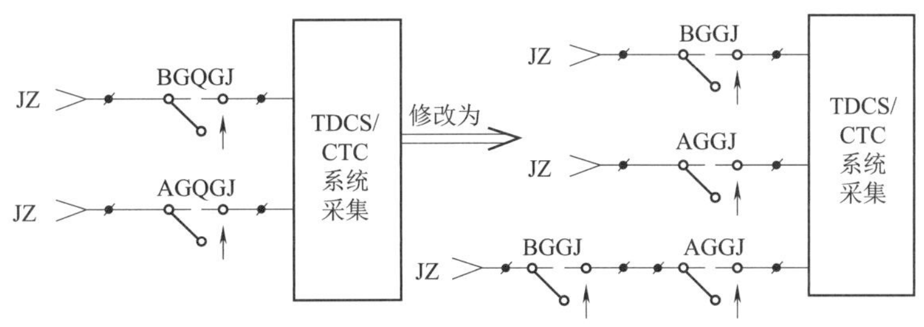

图 3—8　采集 QGJ 修改为 GJ

2. 联锁结合电路修改

修改出站最末区段联锁采集，如图 3—9 所示。

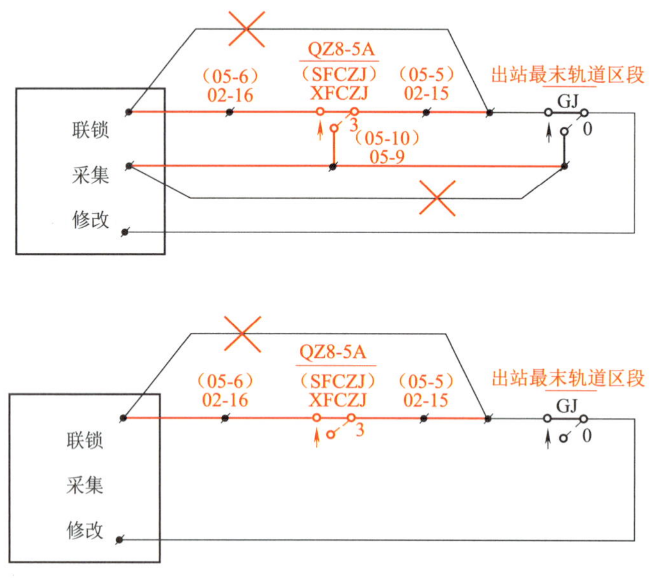

图 3—9　出站最末区段联锁采集

3. 区间结合电路修改

将 JLJ 的接点串入 JQJ 的励磁电路中，如图 3—10 所示。

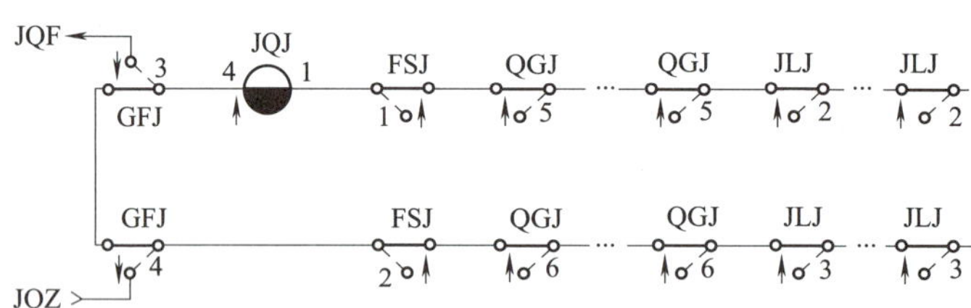

图 3—10　JQJ 励磁电路

四、新增操作、表示设备

1. 人工解锁盘盘面

(1)车站运转室增设一台 RJP(人工解锁盘)，为区间逻辑检查提供操作、表示界面，如图 3—11 所示。

(2)对应本站管辖的各逻辑检查区段，RJP 分别设带灯(RJD)的 RJA 及 BJD、QGJD 各一个。

(3)RJA 为自复式带铅封按钮、带表示灯(RJD)，用于人工解锁对应逻辑检查区段的防护及报警。其 RJD 为黄灯(常态熄灭)，RJA 按下、或本区间线路的 GBA 按下、或区间开通反方向时，RJD 点亮。

(4)BJD 为红灯(常态熄灭),每个逻辑检查区段设一个;本区段输出报警时,BJD 红灯点亮。

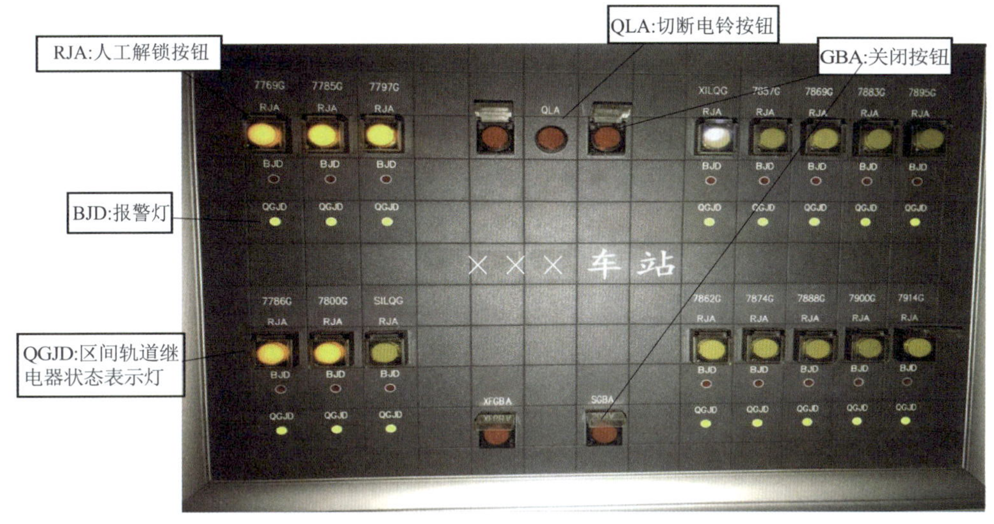

图 3—11　拼装式人工解锁盘面

(5)QGJD 为绿灯(常态点亮),每个逻辑检查区段设一个;本区段的轨道电路输出空闲信息时,QGJD 绿灯点亮。

(6)对应本站管辖的各区间线路,RJP 分别设带灯(GBD)的 GBA 各一个。

(7)GBA 为非自复式带铅封按钮、带表示灯(GBD),用于关闭对应区间线路的逻辑检查功能。其 GBD 为红灯(常态熄灭),GBA 按下时,GBD 红灯点亮。

(8)RJP 设一个 BJDL 及其 QLA,用于全站的逻辑检查声音报警及切除。

(9)BJDL:直流电铃(常态静音);本站管辖的任一逻辑检查区段输出报警时,BJDL(或蜂鸣器)鸣响。

(10)QLA:非自复式(常态抬起);用于切换 BJDL 的“鸣响/静音”状态。

2. 配套电路原理

(1)电铃(蜂鸣器)电路,如图 3—12 所示。

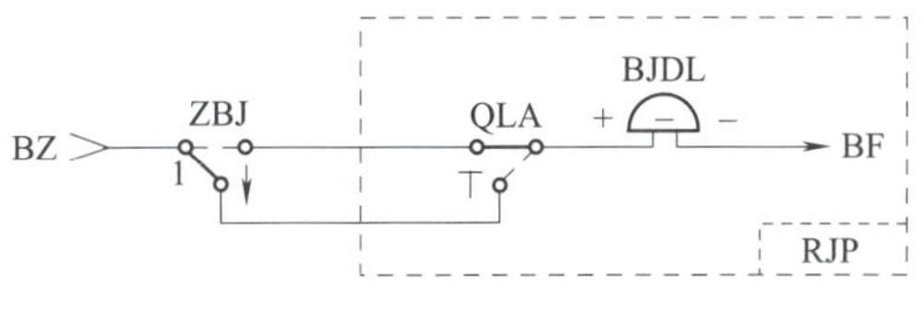

图 3—12　BJDL 电路

(2)RJP 中各逻辑检查区段的表示电路,如图 3—13 所示。

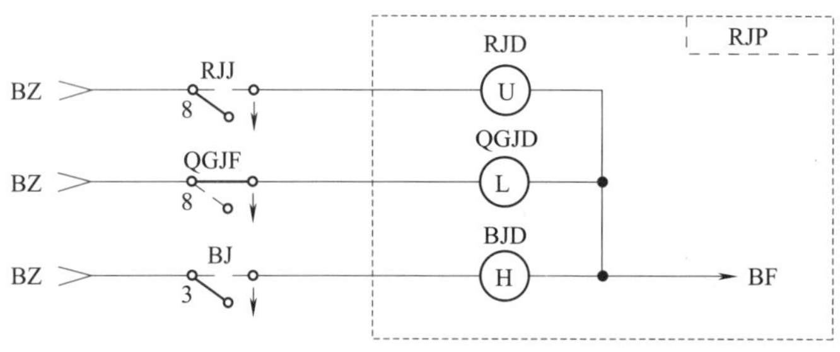

图 3—13 RJP 的表示电路

3. 各按钮表示灯

RJP 各操作表示灯的基本信息见表 3—2。

表 3—2 人工解锁盘及各按钮信息表

代　号	名　称	说　明
RJP	(区间继电式逻辑检查)人工解锁盘	每站新设一台(设于运转室),提供区间逻辑检查的操作、表示界面
BJD	(逻辑检查)报警灯	1. 红灯,常态熄灭,每个逻辑检查区段设一个; 2. 本区段逻辑检查报警时点亮
QGJD	(逻辑检查区段)轨道电路接收设备表示灯	1. 绿灯,常态点亮,每个逻辑检查区段设一个; 2. 本区段的轨道电路接收设备表示为“区段空闲”时(QGJ ↑)点亮; 3. 本区段的轨道电路接收设备表示为“区段占用”时(QGJ ↓)熄灭
GBA	(区间逻辑检查功能)关闭按钮	1. 非自复式、带铅封、带表示灯(GBD,红); 2. 车站所辖每条区间线路设一个; 3. 用于关闭对应区间线路的逻辑检查功能
GBD	(区间逻辑检查功能)关闭按钮表示灯	1. 红灯,设于每条区间线路的 GBA; 2. GBA 按下,GBD 红灯点亮
RJA	(区间逻辑检查功能)人工解锁按钮	RJA 为(逻辑检查区段)人工解锁按钮。自复式、带铅封、带表示灯(RJD,黄);每个逻辑检查区段设一个;用于人工解锁对应区段的逻辑检查报警
RJD	(区间逻辑检查功能)人工解锁按钮表示灯	RJD 为人工解锁按钮表示灯。黄灯(常态熄灭),设于每个逻辑检查区段的 RJA。RJA 按下、或本区间线路的 GBA 按下、或区间开通反方向时,RJD 黄灯点亮
QLA	(逻辑检查)切换电铃按钮	非自复式,全站设一个,用于切换报警电铃(BJDL)的“鸣响/静音”状态
BJDL	(逻辑检查)报警电铃	直流电铃,全站设一个;本站管辖任一逻辑检查区段报警时鸣响

第三节　继电式区间逻辑检查技术条件

一、逻辑检查电路状态判定

继电式区间逻辑检查按照闭塞分区占用逻辑检查原则进行状态的判定。闭塞分区包括空闲、正常占用、故障占用、占用丢失 4 种状态。

1. 空闲状态

逻辑检查区段无列车(或机车车辆),且其轨道电路接收设备表示为空闲状态;QGJF ↑ +JLJ ↑ +BJ ↓。

2. 正常占用状态

逻辑检查区段有列车(或机车车辆),且其轨道电路正常工作,接收设备表示为占用状态;QGJF ↓ +JLJ ↓ +BJ ↓。

3. 故障占用状态

逻辑检查区段无列车(或机车车辆),但其轨道电路因故障或其他原因致使接收设备表示为占用状态;QGJF ↓ +JLJ ↑ +BJ ↓。

4. 占用丢失状态

(1)列车(或机车车辆)在区间正方向运行至某一逻辑检查区段并正常占用后,该区段的接收设备表示为空闲状态而其下一区段的接收设备未表示区段占用;QGJF ↑ +JLJ ↓ +BJ ↑。

(2)发车口 ⅠBG 发生占用丢失,正常排列发车进路后(FSJ ↓)列车正向运行至 ⅠBG(GJ ↓)后(CZJ ↓), ⅠBG 的接收设备表示为空闲状态而其 1LQ 的接收设备未表示区段占用;CZJ ↓ +1LQBJ ↑。

二、逻辑检查判断原则

1. 正常运营场景判断

(1)遇下列情况,逻辑检查电路对相关的逻辑检查区段进行防护:

a. 轨道电路接收设备表示为占用时。

b. 逻辑检查电路判定“失去分路”或“占用丢失”时。

(2)逻辑检查区段处于防护状态时,如其轨道电路接收设备表示为空闲状态,遇下列情况可解除防护:

a. 如本区段或其下一区段能正常分路,该报警自动解除。

b. 人工解锁。

(3)逻辑检查电路判定逻辑检查区段“失去分路”且持续60 s时，针对该区段给出“占用丢失”报警。

(4)逻辑检查区段报警后，若其防护状态解除，其报警亦自动解除。

(5)列车运行时，如区间轨道电路能正确反映区段“空闲/占用”情况，逻辑检查电路不对既有闭塞电路产生影响。

(6)列车自发车站发车进路末区段“占用丢失”(站内末区段出清后 1LQ 尚未分路)时：

a. 逻辑检查电路对发车进路末区段及 1LQ 进行防护，发车站出站信号机不能向本线路开放。

b. 如该占用丢失持续 60 s，1LQ 输出报警(其报警表示灯点亮红灯、报警电铃鸣响)。

c. 1LQ 报警后，如其能正常分路，该报警自动解除。

d. 1LQ 报警后，如其始终失去分路，该防护不会自动解除。

(7)列车自 1LQ 区段“占用丢失”(1LQ 区段由占用变为出清但 2LQ 尚未分路，可能是列车位于 1LQ 但失去分路，也可能是列车完全进入 2LQ 但尚未分路)时：

a. 逻辑检查电路对 1LQ 进行防护，发车站出站信号机不能向本线路开放。

b. 如该占用丢失持续 60 s 且 2LQ 仍未分路，1LQ 输出报警(其报警表示灯点亮红灯、报警电铃鸣响)。

c. 1LQ 报警后，如 1LQ 或 2LQ 能正常分路，该报警自动解除。

d. 1LQ 报警后，如 2LQ 始终失去分路，该防护不会自动解除。

(8)列车自任一闭塞分区占用丢失(本闭塞分区由占用变为出清但其下一闭塞分区尚未分路，可能是列车位于本闭塞分区但失去分路、也可能是列车完全进入下一闭塞分区但尚未分路)时：

a. 逻辑检查电路对该闭塞分区进行防护，其防护信号机显示红灯。

b. 如该占用丢失持续 60 s 且其下一闭塞分区仍未分路，本闭塞分区输出报警(其报警表示灯点亮红灯、报警电铃鸣响)。

c. 本闭塞分区报警后，如本闭塞分区或其下一闭塞分区能正常分路，该报警自动解除。

d. 本闭塞分区报警后，如其下一闭塞分区始终失去分路，该防护不会自动解除。

(9)列车自 3JG 占用丢失(3JG 由占用变为出清但逻辑检查电路未得到

列车正常进站条件或ⅠAG轨道电路正常时引导接车的进站条件)时:

a. 逻辑检查电路对3JG进行防护,其防护信号机显示红灯。

b. 如该占用丢失持续60 s且逻辑检查电路仍未得到列车正常进站条件或ⅠAG轨道电路正常时引导接车的进站条件,3JG输出报警(其报警表示灯点亮红灯、报警电铃鸣响)。

c. 3JG报警后,如其能正常分路,或列车正常进站(或ⅠAG轨道电路正常时引导接车),该报警自动解除。

d. 3JG报警后,如逻辑检查电路始终未得到列车正常进站条件(或ⅠAG轨道电路正常时引导接车的进站条件),该防护不会自动解除。

(10)逻辑检查区段保留"占用丢失"的防护及报警时,如后续列车在运行过程中,相关区段的轨道电路能正确反映其"占用"或"空闲"情况,则该防护及报警能自动解除。

(11)区间闭塞分区分为多个轨道区段时,既有区间自动闭塞单元电路中,将(按列车运行方向)第一段轨道区段的QGJ作为整个闭塞分区的轨道继电器,即:

a. 该闭塞分区内任一轨道区段的ZPW-2000A接收设备判定"占用"时,上述第一段轨道区段QGJ失磁。

b. 该闭塞分区内各轨道区段的ZPW-2000A接收设备均判定"空闲"时,上述第一段轨道区段QGJ方能励磁。

c. 区间自动闭塞单元电路中,以上述第一段轨道区段QGJ对应的GJ作为控制信号机点灯和机车信号发码的条件。

d. 针对此类闭塞分区,逻辑检查电路中JLJ、BJ电路以及对GJ电路的修改均基于"第一段轨道区段",故电路动作原理与仅包含一个轨道区段的闭塞分区相同。

2.特殊运营场景判断

(1)区间开通正方向,发车站未开放出站信号机,列车(或机车车辆)由发车站越过站界进入区间正方向运行(如按调度命令、路票或手信号向区间发出列车,越站调车等)时,如轨道电路能正确反映区段的"占用"、"空闲"情况,逻辑检查电路符合现行有关技术标准的规定。

(2)区间开通正方向,列车在区间"走—停—走"时,相关的逻辑检查区段可能输出报警。

(3)区间开通正方向,列车(或机车车辆)在区间退行、分解运行或重联运行时,相关的逻辑检查区段可能输出报警。

(4)区间开通正方向,接车站未正常开放进站信号机(或ⅠAG轨道电路

故障时引导接车),列车(或机车车辆)由区间越过站界进入车站:

a. 逻辑检查电路对3JG闭塞分区进行防护,其防护信号机显示红灯。

b. 3JG闭塞分区的轨道电路接收设备表示为空闲状态并持续60 s后,3JG输出报警。

c. 该报警不会自动解除。

(5)区间开通反方向、按自动站间闭塞方式运行时,逻辑检查电路不进行区间逻辑检查。

(6)特殊情况下(如区间封锁作业等),根据需要可按区间线路关闭逻辑检查功能。针对需要关闭逻辑检查功能的区间线路,两相邻车站的车务人员均按下该线路对应的GBA,则该线路的区间逻辑检查功能关闭。此时自动闭塞电路符合现行有关技术标准的规定。

3. 单独一个区间线路的逻辑检查功能关闭场景判断

(1)其对应的GBA处于按下状态,按钮表示灯(GBD)红灯点亮。

(2)各逻辑检查区段的RJJ励磁,RJD黄灯点亮。

(3)各逻辑检查区段的JLJ励磁。

(4)各逻辑检查区段的BJ不能励磁(不输出逻辑检查报警信息)。

(5)发车站正方向发车的CZJ励磁。

4. 故障场景判断

(1)区间开通正方向,任一单个或不连续逻辑检查区段故障占用

a. 出现故障占用时,本区段处于防护状态、无逻辑检查报警。

b. 故障占用恢复后,防护状态解除、无逻辑检查报警。

(2)区间开通正方向,按线路开通方向连续多个逻辑检查区段故障占用

a. 出现故障占用时,各区段均处于防护状态、无逻辑检查报警。

b. 故障占用恢复:

1LQ故障占用恢复后,其防护状态自动解除,无逻辑检查报警。

3JG故障占用恢复后,其防护状态不解除,60 s后给出逻辑检查报警。

对于其他逻辑检查区段:如其故障占用恢复时其下一区段处于防护状态,则其防护状态自动解除、无逻辑检查报警;如其故障占用恢复时其下一区段未处于防护状态,则其防护状态不解除,60 s后给出逻辑检查报警。

三、逻辑检查功能运营场景模拟

1. 初始状态

自动闭塞区间继电式逻辑检查场景,如图3—14所示。

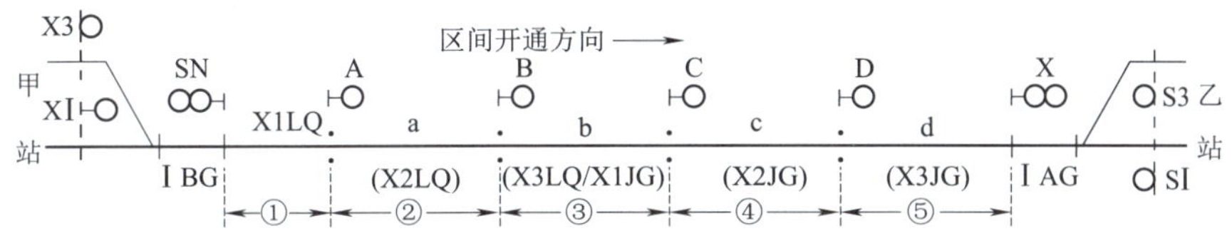

图 3—14　举例区间线路平面示意图

a. 甲站未办理列车发车进路，未按下 RJA：

各区段 RJJ↓，RJD 灭灯。

SN CZJ↑。

各逻辑检查区段的 QZJ↑、QFJ↓。

各逻辑检查区段的 QGJ↑、JLJ↑、GJ↑。

各逻辑检查区段的 BJ↓，BJD 灭灯。

BJDL 静音。

b. 乙站未办理接车进路，未按下 RJA：

各区段 RJJ↓，RJD 灭灯。

XJZJ↓。

各逻辑检查区段的 QZJ↑、QFJ↓。

各逻辑检查区段的 QGJ↑、JLJ↑、GJ↑。

各逻辑检查区段的 BJ↓，BJD 灭灯。

BJDL 静音。

初始状态下，区间开通下行方向，全区间空闲，如图 3—15 所示。

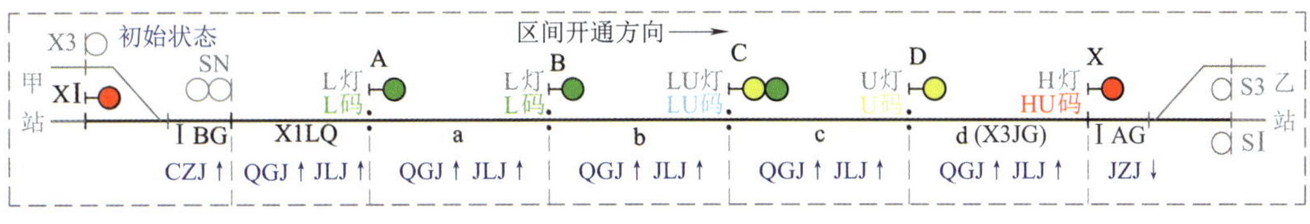

图 3—15　逻辑检查设备初始状态

2. 平面图例符号说明

(1)逻辑检查区段“空闲”状态，如图 3—16 所示。

说明：“线路”图形为“黑色”，表示逻辑检查电路未将本区段置为“防护”状态，其 GJ 处于励磁(↑)状态。

(2)逻辑检查区段“正常占用”状态，如图 3—17 所示。

说明：“列车”图形为“黑色”，表示本逻辑检查区段有列车(或机车车辆)且轨道电路处于分路状态。“线路”图形为“红色”：表示逻辑检查电路将本区段置为“防护”状态，其 GJ 处于失磁(↓)状态。

(3)逻辑检查区段无列车(或机车车辆)但处于“防护”状态(如“故障占用”或“占用丢失”)，如图 3—18 所示。

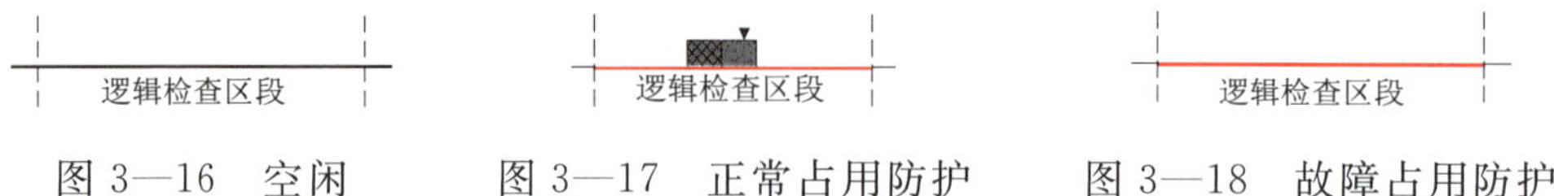

图 3—16　空闲　　图 3—17　正常占用防护　　图 3—18　故障占用防护

说明：“线路”图形为“红色”，表示逻辑检查电路将本区段置为“防护”状态，其 GJ 处于失磁(↓)状态。

(4)逻辑检查区段“失去分路”或“占用丢失”，且处于“防护”状态，如图 3—19 所示。

说明：“列车”图形为“浅色”，表示本逻辑检查区段有列车(或机车车辆)但轨道电路处于未分路状态。“线路”图形为“红色”：表示逻辑检查电路将本区段置为“防护”状态，其 GJ 处于失磁(↓)状态。

(5)逻辑检查区段“失去分路”但未处于“防护”状态(如：跨压通过信号机的列车其尾部失去分路、紧追踪运行的后续列车失去分路，逻辑检查区段始终失去分路等)，如图 3—20 所示。

图 3—19　占用丢失防护　　图 3—20　失去分路未防护

说明：“列车”图形为“浅色”，表示本逻辑检查区段有列车(或机车车辆)但轨道电路处于未分路状态。“线路”图形为“黑色”，表示逻辑检查电路未将本区段置为“防护”状态，其 GJ 处于励磁(↑)状态。

3. 正常运营场景，单列车运行

在正常运营场景下，如区间轨道电路正常，当区间开通正方向、单列车运行时，如图 3—21 所示。

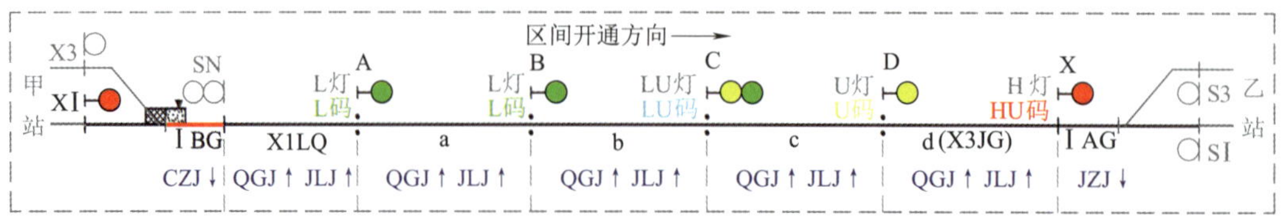

(a)列车出站、占用 I BG

图 3—21(续)

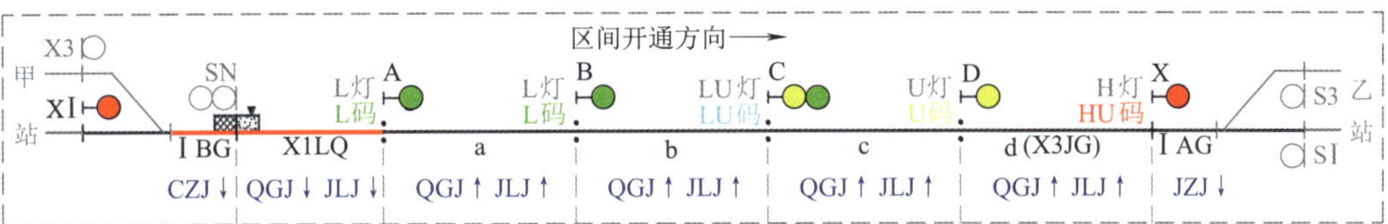

（b）跨压站界

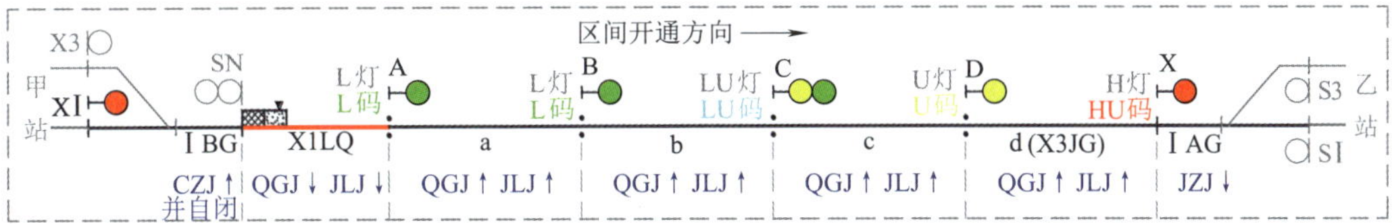

（c）短车完全进入XILQ

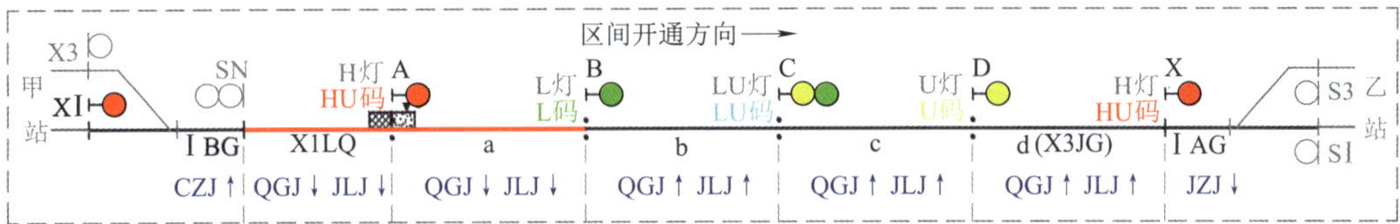

（d）短车跨压1LQ、2LQ

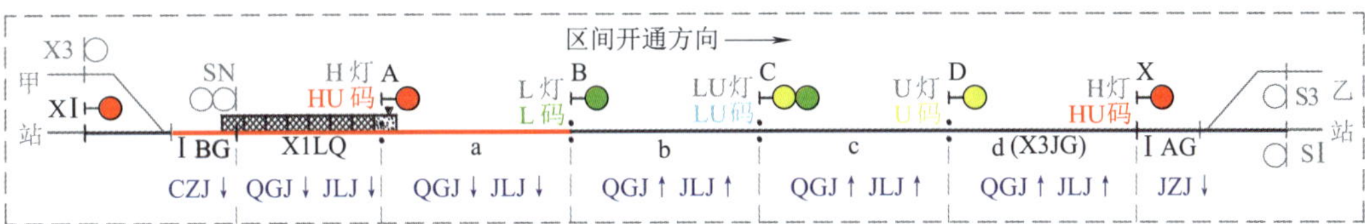

（e）长车跨压Ⅰ BG、1LQ、2LQ

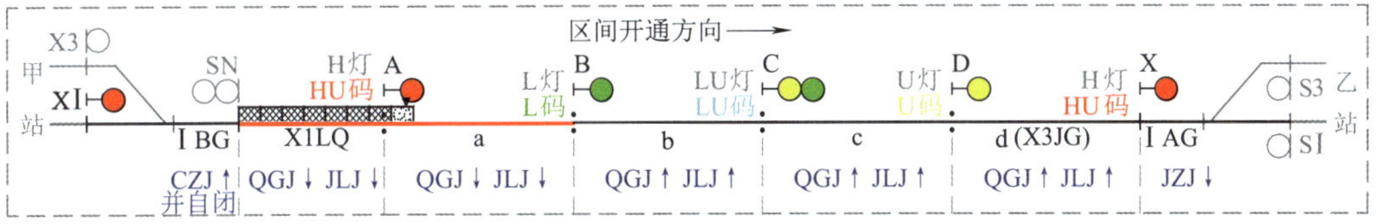

（f）长车出清车站，跨压1LQ、2LQ

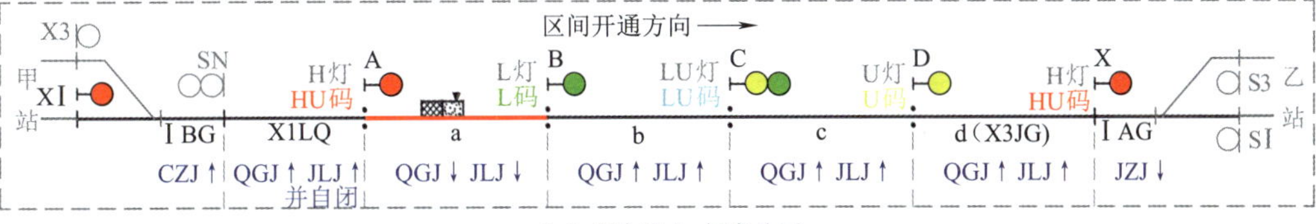

（g）完全进入a闭塞分区

图 3—21（续）

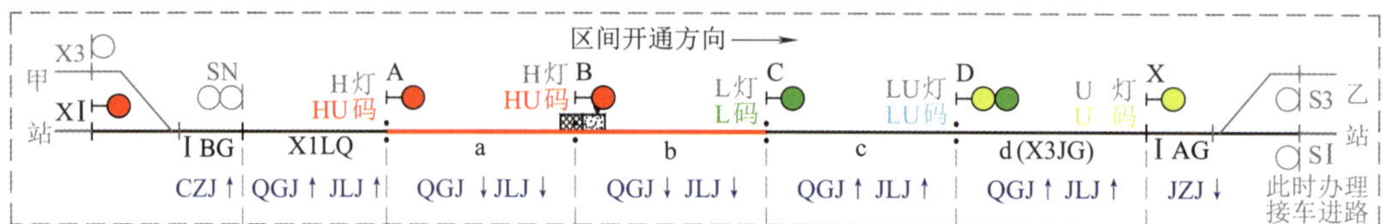

（h）跨压B信号机

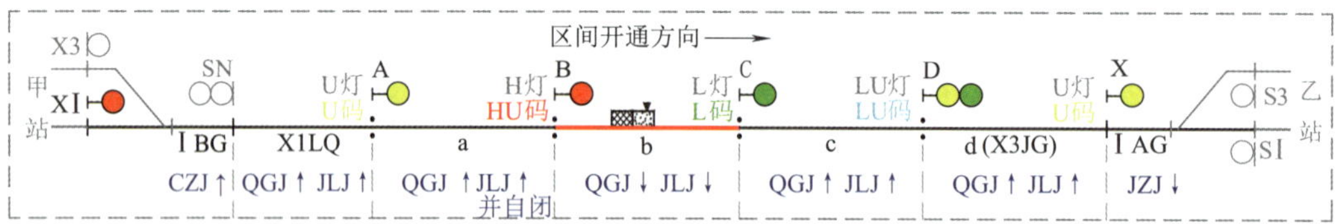

（i）完全进入b闭塞分区

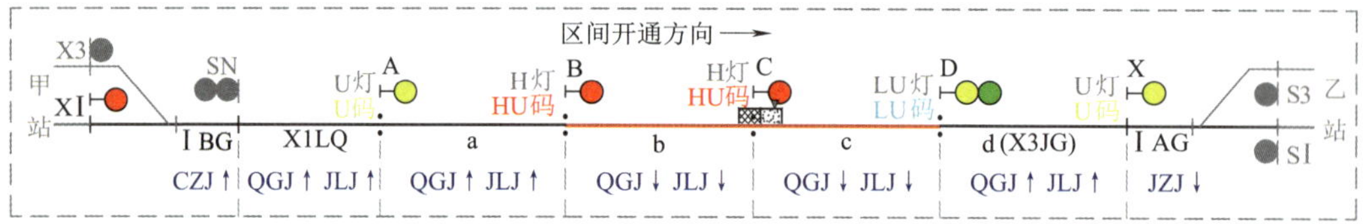

（j）跨压C信号机

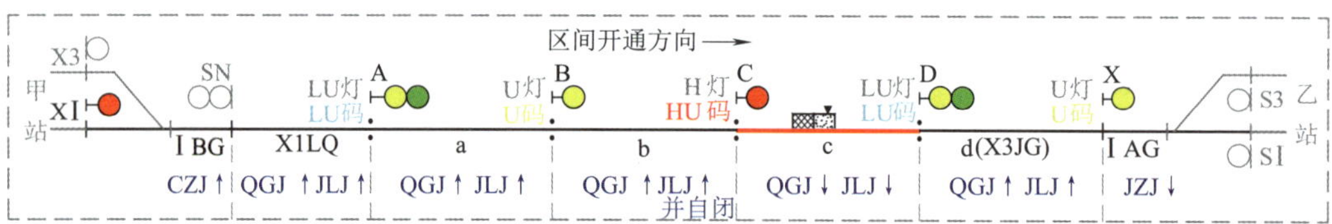

（k）完全进入c闭塞分区

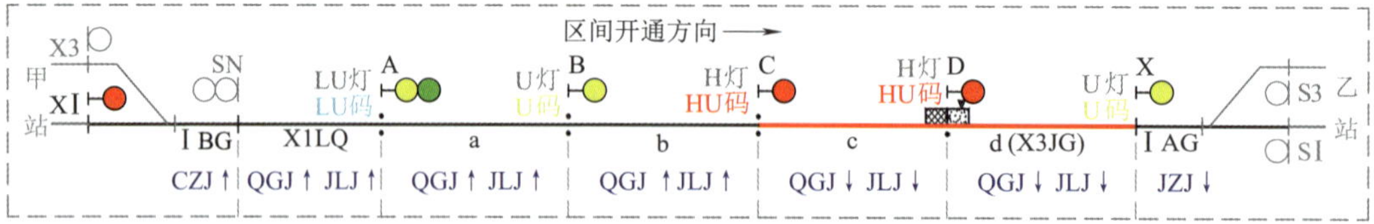

（l）跨压D信号机

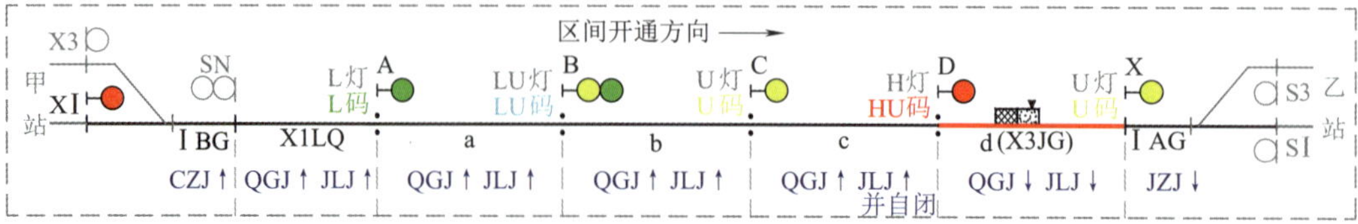

（m）完全进入d闭塞分区（X3JG）

图 3—21(续)

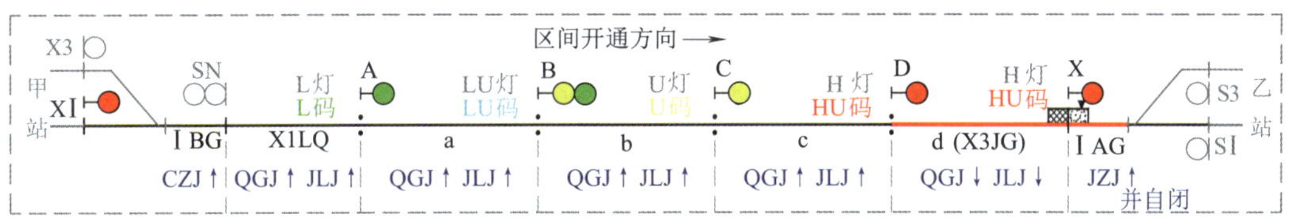
（n）列车进站、跨压X进站信号机

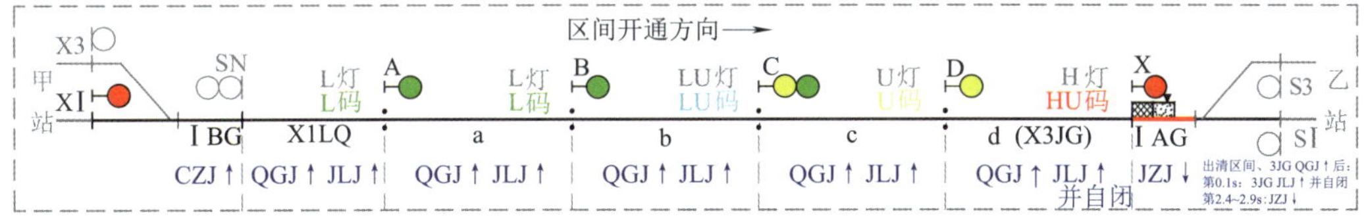
（o）完全越过X进站信号机

图 3—21　正常运营场景单列车运行

由上述各阶段的时序状态可知，正常运营场景下，区间轨道电路正常，区间开通正方向、单列车运行时：

（1）逻辑检查电路表现的现象与既有自动闭塞电路相同，且不输出逻辑检查报警。

（2）CZJ 常态“↑”，其“↓”反映了车站发车进路末区段（ⅠBG）的列车占用。

（3）各逻辑检查区段的 QGJ、JLJ、GJ 三者状态一致，其“↓”反映对应的逻辑检查区段占用。

（4）JZJ 常态“↓”，其“↑”反映列车正常进站时跨压进站信号机的过程。

4. 正常运营场景，失去分路

（1）列车出站时自站内末区段占用丢失，随后飞入 2LQ，如图 3—22 所示。

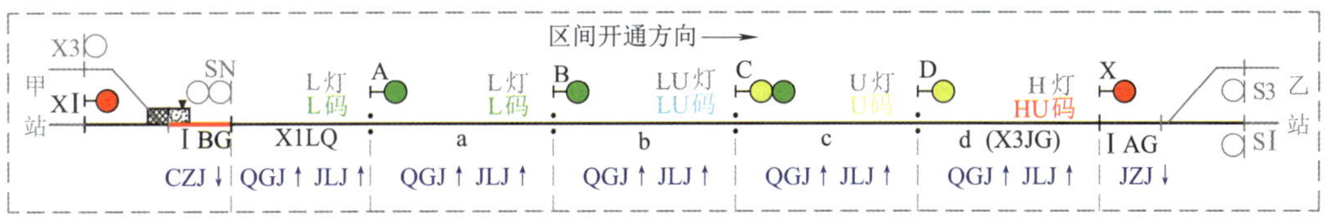
（a）列车出站

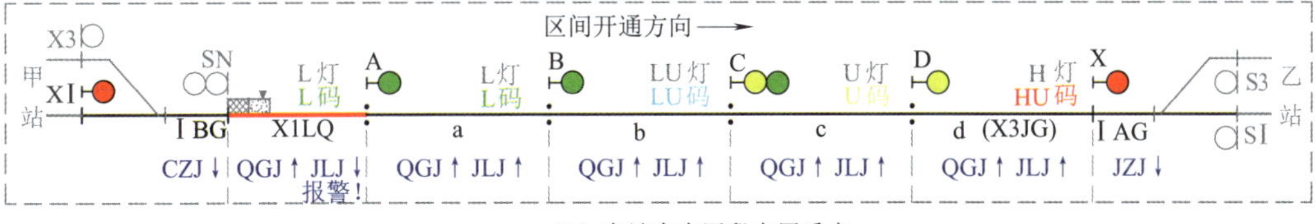
（b）自站内末区段占用丢失

图 3—22（续）

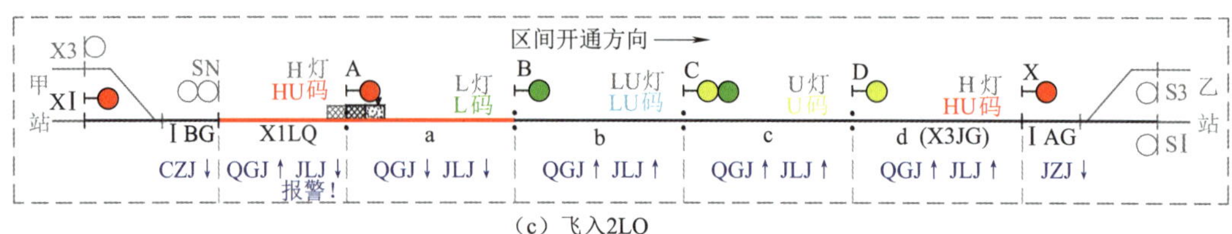

(c) 飞入2LQ

图 3—22　站内末区段占用丢失，随后飞入 2LQ

这一场景中甲站的 CZJ 及 1LQ 区段的 JLJ、GJ 均不能自动恢复常态。列车继续前行，对于 2LQ 闭塞分区 a：

条件一：如 b 能正常分路，则列车出清后 a 的防护及报警均自动解除。

条件二：如 b 不能正常分路，则列车出清 a 后，a 的 QGJ 能↑，但保持防护并保留逻辑检查报警。

(2)列车出站时自站内末区段占用丢失，随后飞入 1LQ，自 1LQ 占用丢失后又飞入 2LQ，如图 3—23 所示。

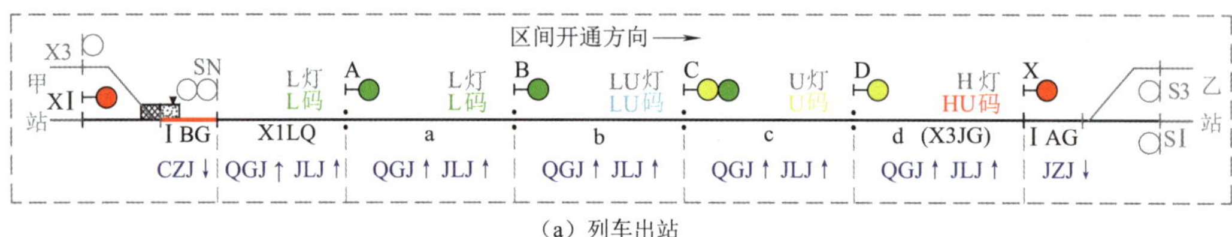

(a) 列车出站

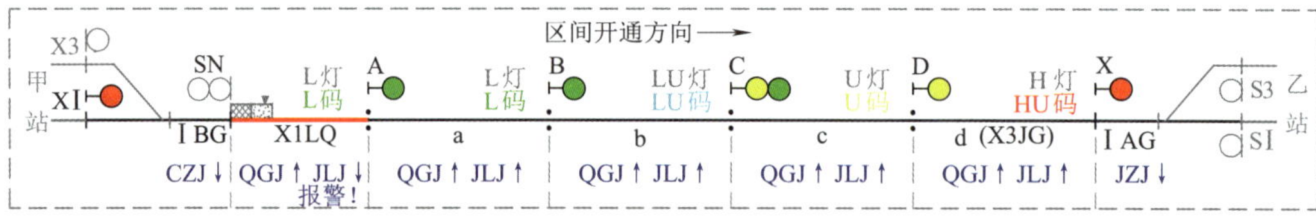

(b) 自站内末区段占用丢失

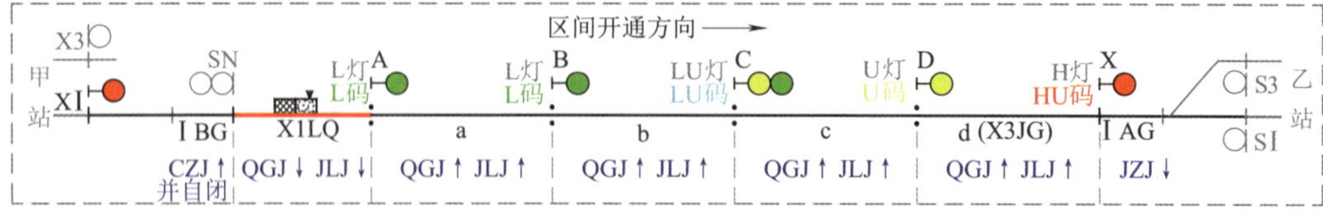

(c) 飞入1LQ

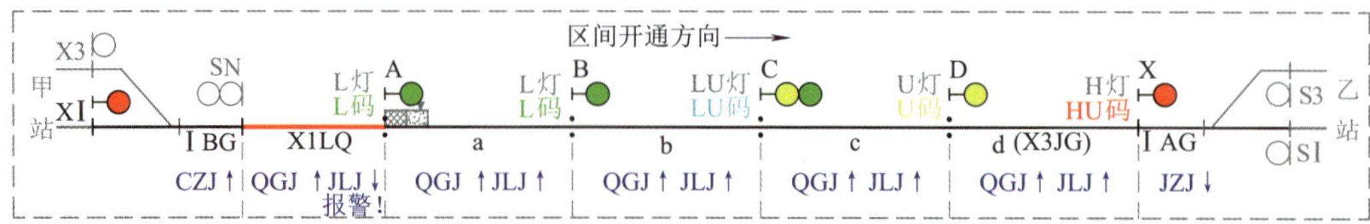

(d) 自1LQ占用丢失

图 3—23(续)

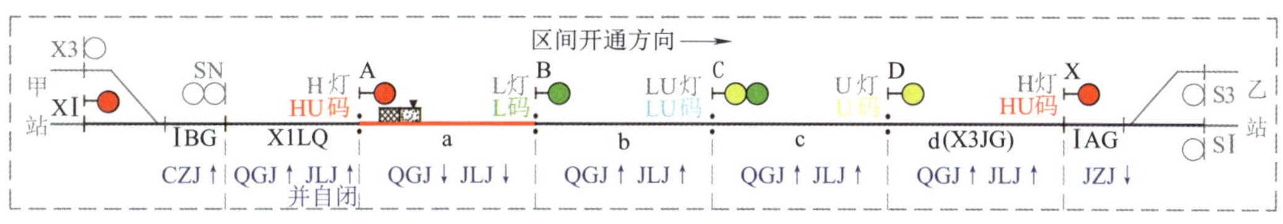

（e）飞入2LQ

图 3—23　站内末区段占用丢失，飞入 1LQ，1LQ 占用丢失后飞入 2LQ

列车继续前行，对于 2LQ 闭塞分区 a：

条件一：如 b 能分路，则列车出清后 a 的防护自动解除。

条件二：如 b 不能分路，则列车出清 a 后，a 的 QGJ 能↑，但保持防护，60 s后给出逻辑检查报警。

（3）列车出站时自站内末区段占用丢失，随后飞入 2LQ，车尾退回 1LQ 又完全进入 2LQ，其场景，如图 3—24 所示。

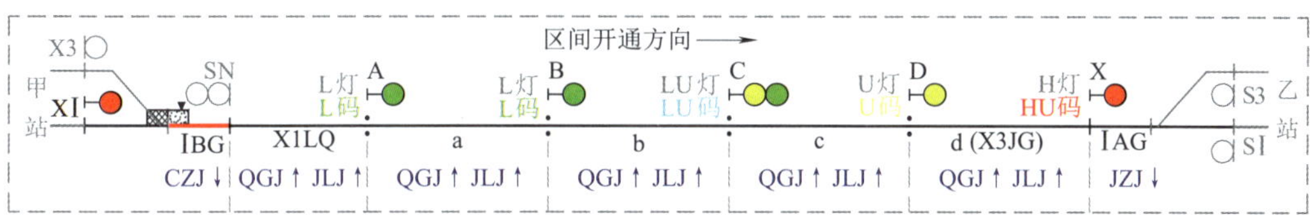

（a）列车出站

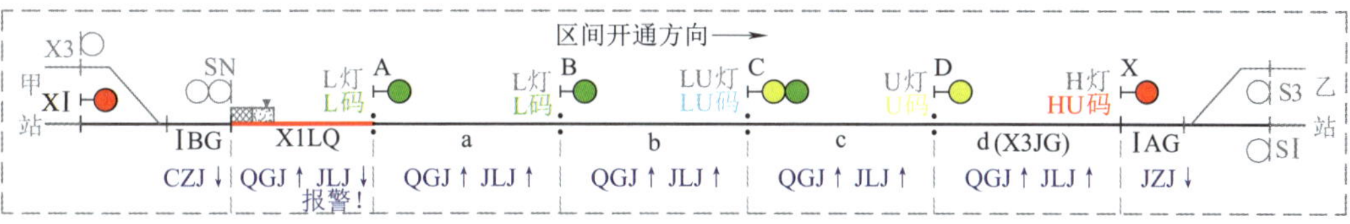

（b）自站内末区段占用丢失

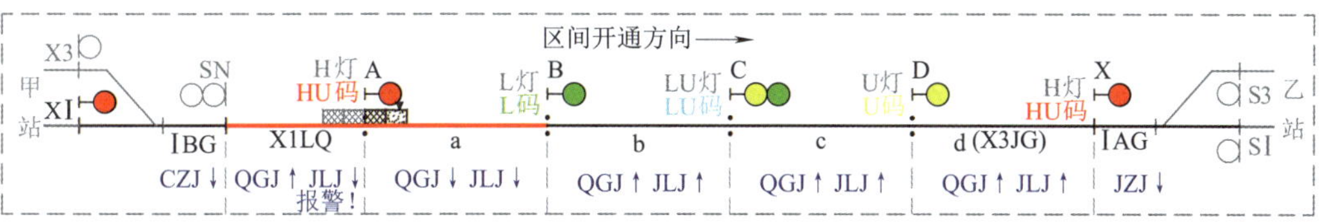

（c）飞入2LQ

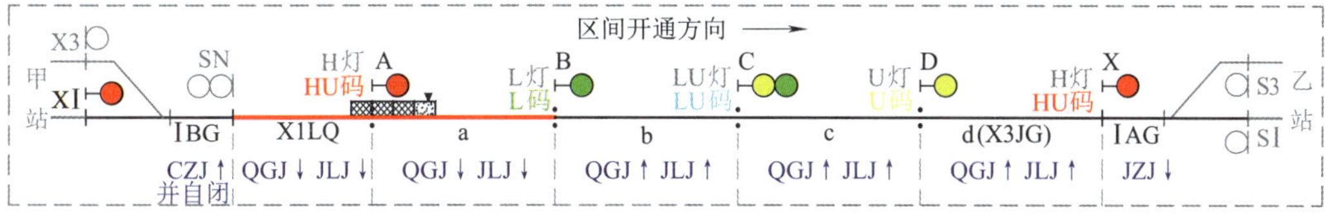

（d）车尾退回1LQ（跨压1LQ、2LQ）

图 3—24（续）

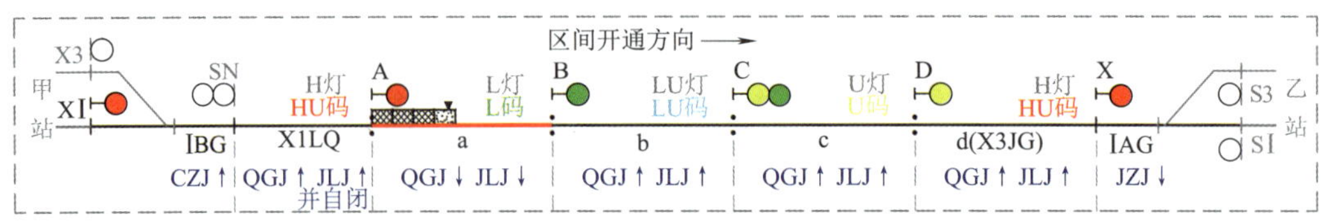

(e) 完全进入2LQ

图 3—24 站内末区段占用丢失，飞入 2LQ，车尾退回 1LQ，又完全进入 2LQ

列车继续前行，对于 2LQ 闭塞分区 a：

条件一：如 b 能分路，则列车出清后 a 的防护自动解除。

条件二：如 b 不能分路，则列车出清 a 后，a 的 QGJ 能↑，但保持防护，60 s后给出逻辑检查报警。

(4)列车跨压站界后退回车站，随后完全进入 1LQ，并由 1LQ 飞至 2LQ，其场景如图 3—25 所示。

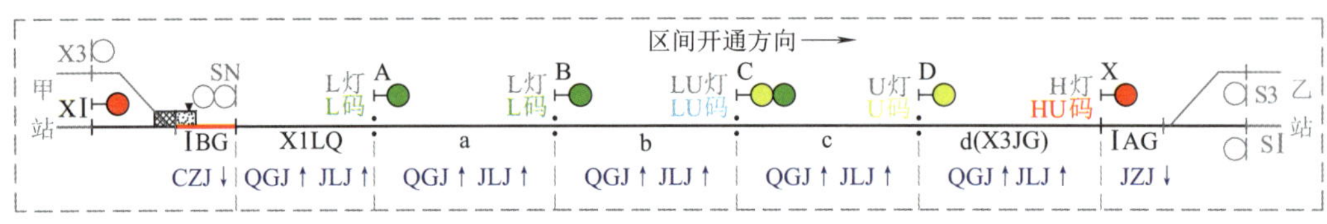

(a) 列车出站

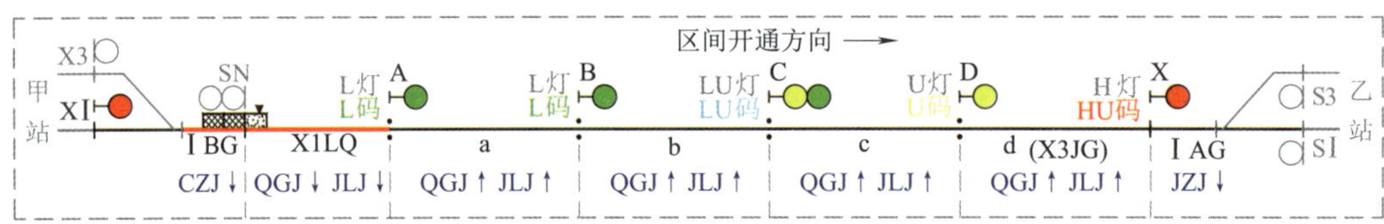

(b) 跨压站界

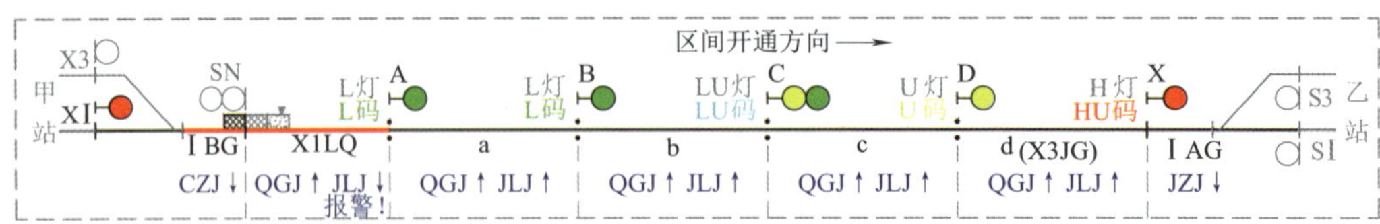

(c) 退回车站

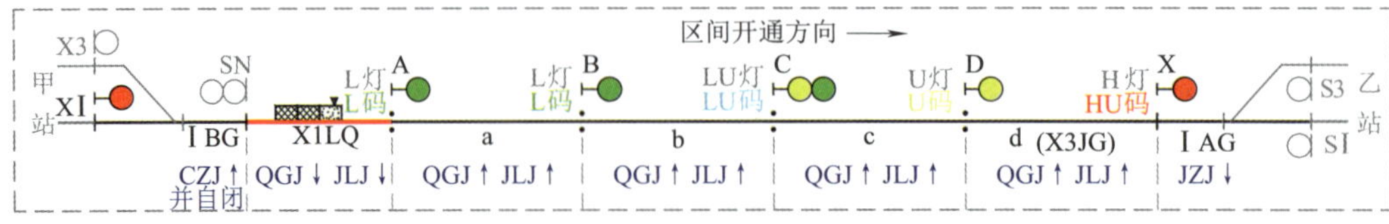

(d) 出清车站（完全时入1LQ）

图 3—25(续)

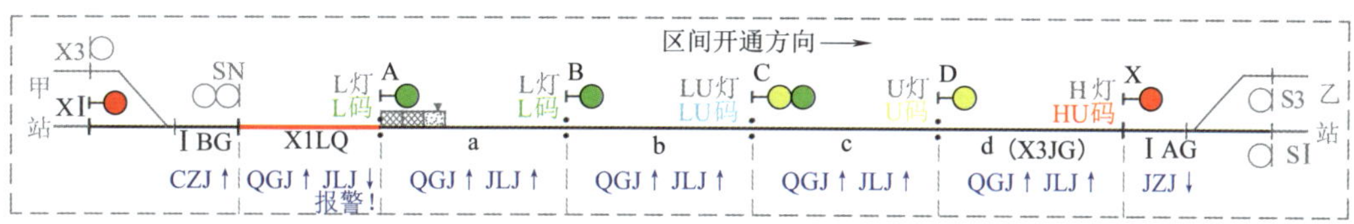

(e) 自1LQ占用丢失

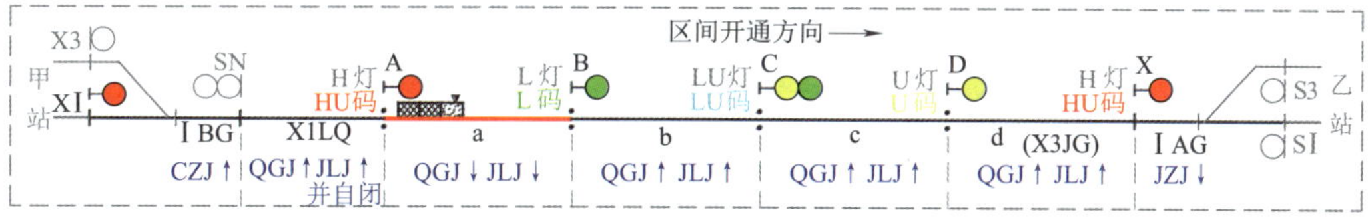

(f) 飞入2LQ

图 3—25　跨压站界后退回车站，随后完全进入 1LQ，由 1LQ 飞至 2LQ

列车继续前行，对于 2LQ 闭塞分区 a：

条件一：如 b 能分路，则列车出清后 a 的防护自动解除。

条件二：如 b 不能分路，则列车出清 a 后，a 的 QGJ 能↑，但保持防护，60 s后给出逻辑检查报警。

(5)长车越站界后退回并再次跨压站界，随后跨压站界 1LQ 及 2LQ，最终正常前行至完全进入 2LQ，其场景如图 3—26 所示。

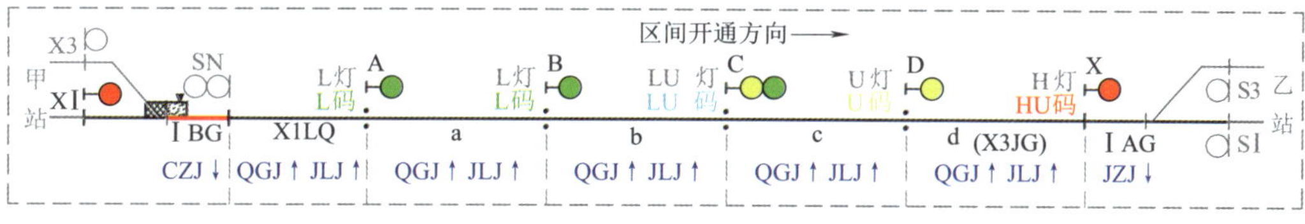

(a) 列车出站

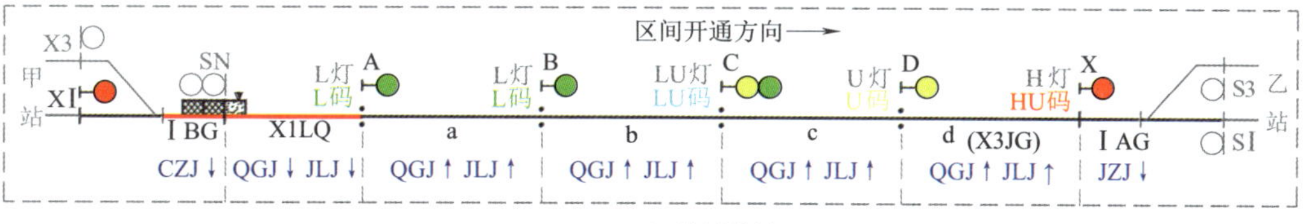

(b) 跨压站界

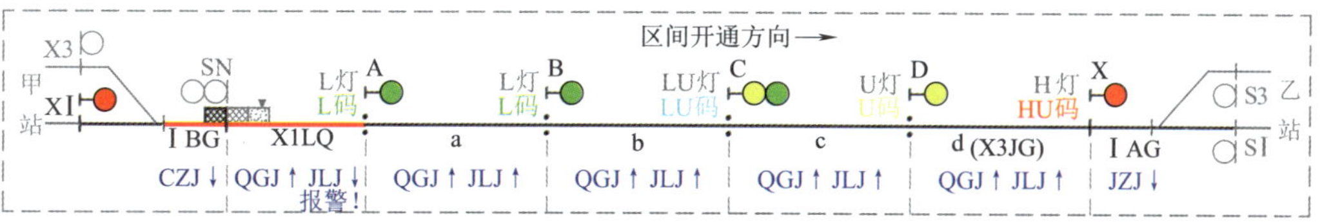

(c) 退回车站

图 3—26(续)

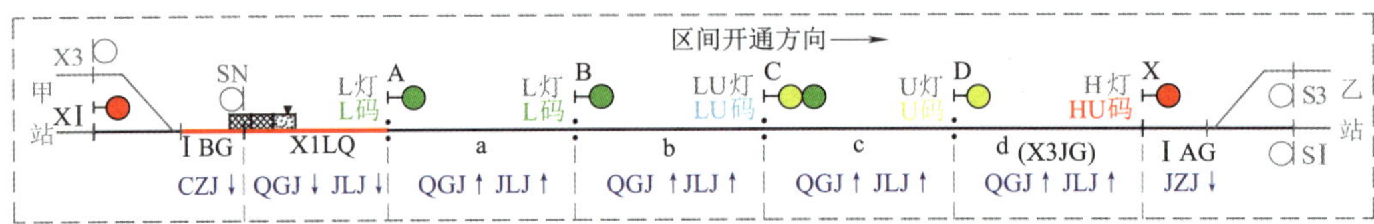

（d）再次跨压站界

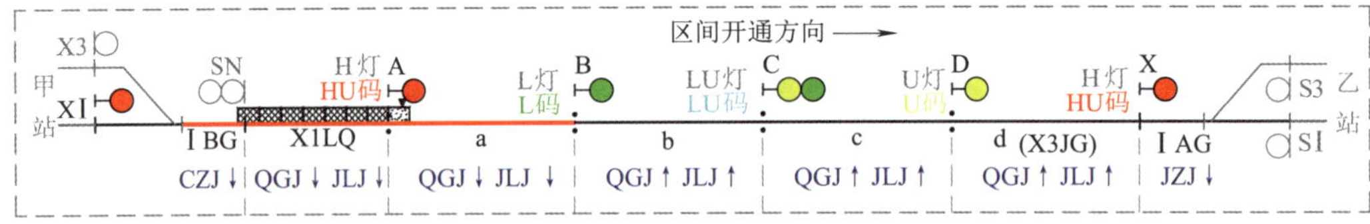

（e）进入2LQ（跨压ⅠBG、1LQ、2LQ）

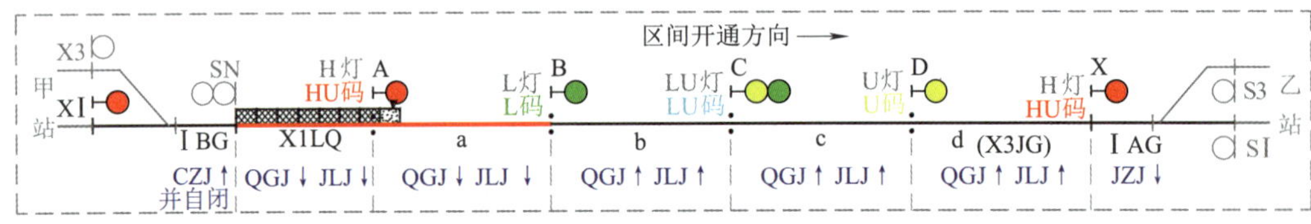

（f）出清车站（跨压1LQ、2LQ）

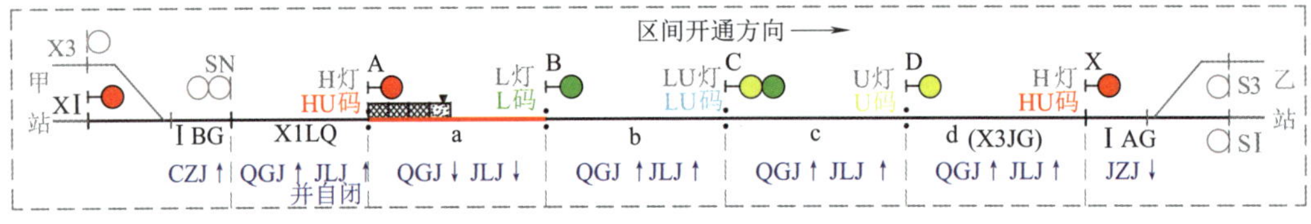

（g）出清1LQ（完全进入2LQ）

图 3—26　长车越站界后退回，再次跨压站界，进入 2LQ，出清车站出清 1LQ

列车继续前行，对于 2LQ 闭塞分区 a：

条件一：如 b 能分路，则列车出清后 a 的防护自动解除。

条件二：如 b 不能分路，则列车出清 a 后，a 的 QGJ 能↑，但保持防护，60 s后给出逻辑检查报警。

5. 特殊运营场景

（1）假定列车由甲站向区间路票发车后，列车完全进入 c 闭塞分区后退行场景，如图 3—27 所示。

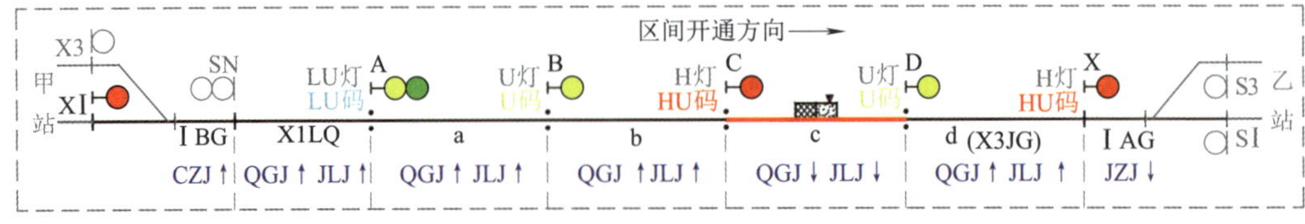

（a）列车完全位于c闭塞分区

图 3—27（续）

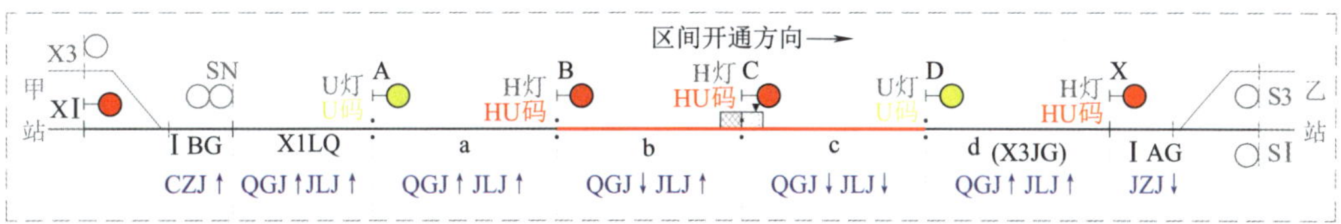

（b）列车跨压C信号机

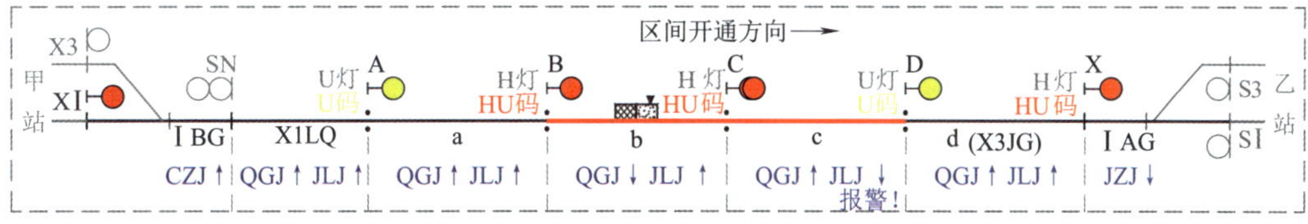

（c）列车完全进入b闭塞分区

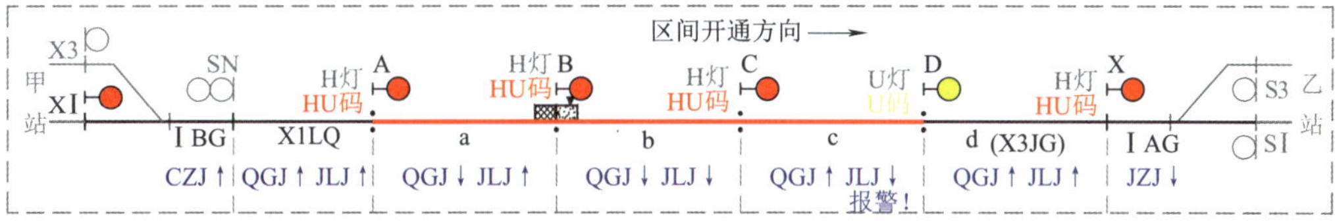

（d）列车跨压B信号机

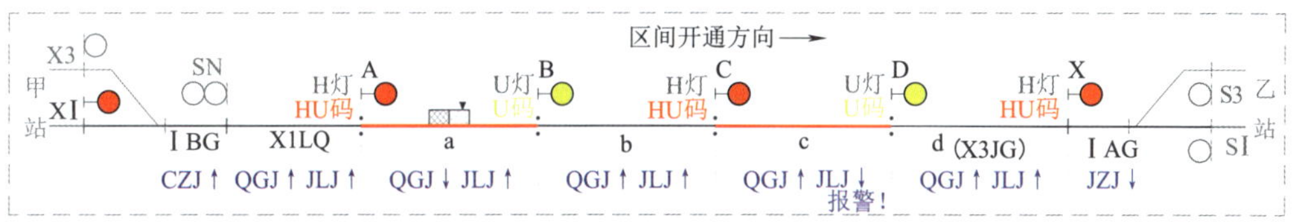

（e）列车完全进入a闭塞分区（X2LQ）

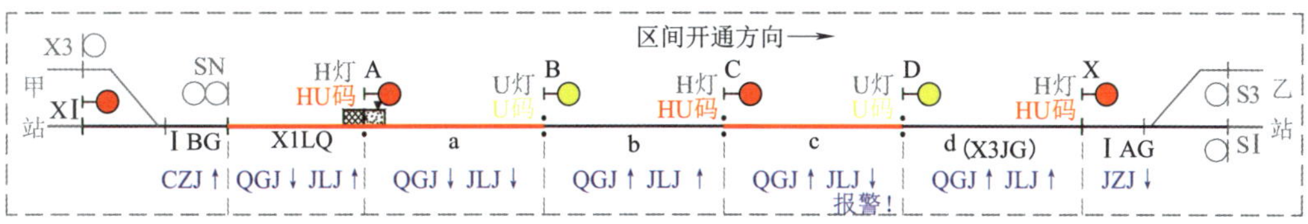

（f）列车跨压A信号机

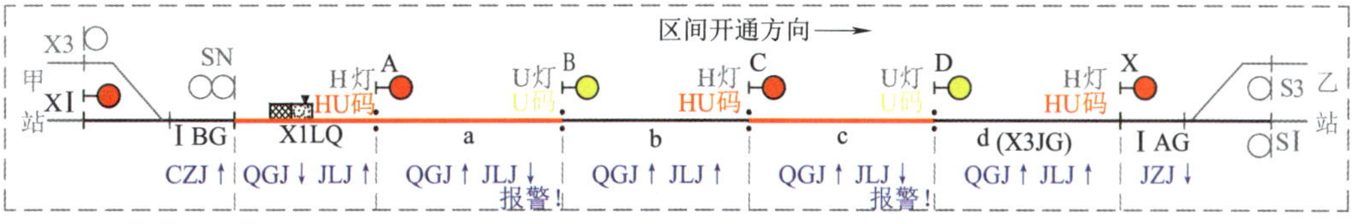

（g）列车完全进入X1LQ

图 3—27(续)

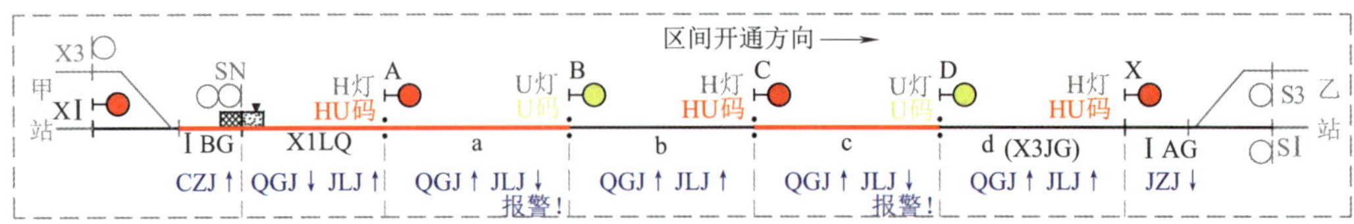

（h）列车跨压SN信号机

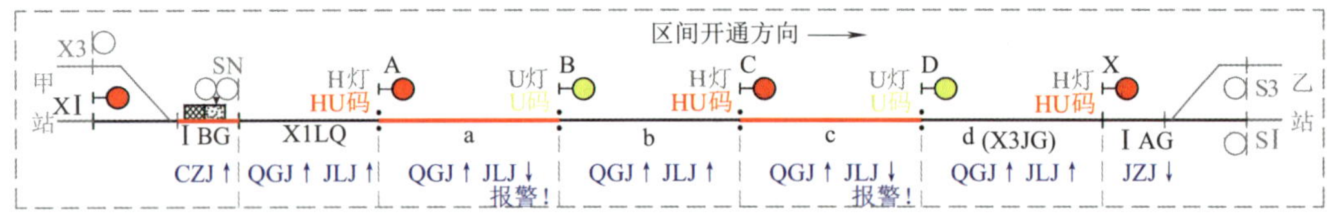

（i）列车完全退回原发车站

图 3—27　列车完全进入 C 闭塞分区后退行

由上可知，列车正向运行至某一闭塞分区，随后退行至原发车站后：

条件一：该闭塞分区保留逻辑检查报警(并处于防护状态)；

条件二：按退行方向，以上述闭塞分区为起点，第奇数(1、3、5…)个闭塞分区保留逻辑检查报警(并处于防护状态)；

条件三：按退行方向，以上述闭塞分区为起点，第偶数(2、4、6…)个闭塞分区无逻辑检查报警(并解除防护状态)；

条件四：1LQ 区段无逻辑检查报警(并解除防护状态)。

(2) ⅠAG 区段轨道电路正常且空闲时开放引导信号场景。

ⅠAG 区段轨道电路正常且空闲时，引导信号能反映其占用情况。当列车前端越过进站信号机时，ⅠAGJ 失磁，随后 YXJ 失磁。此时，利用 YXJF 的缓放时间使 JZJ 励磁。其场景如图 3—28 所示。

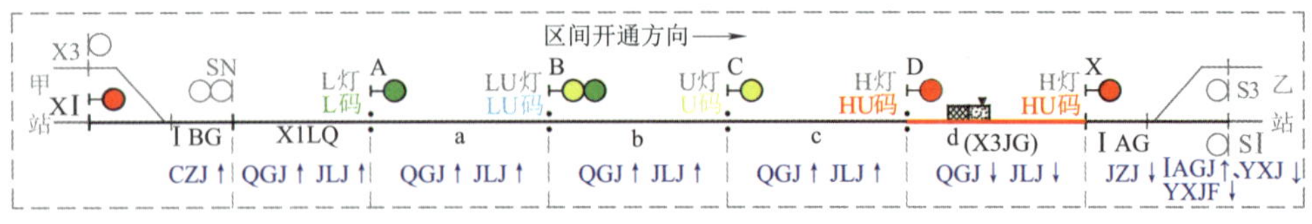

（a）列车位于X3JG（ⅠAG空闲）

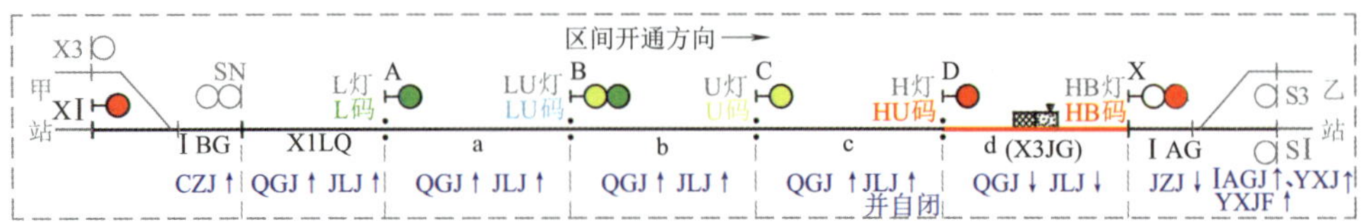

（b）列车位于X3JG，X显示引导信号

图 3—28(续)

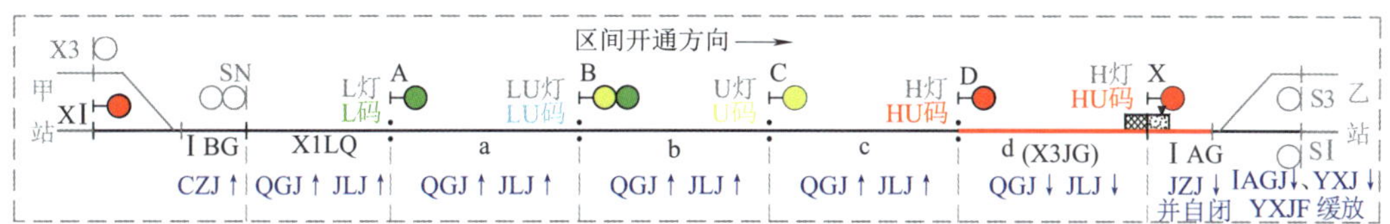

（c）列车引导进站、跨压X进站信号机

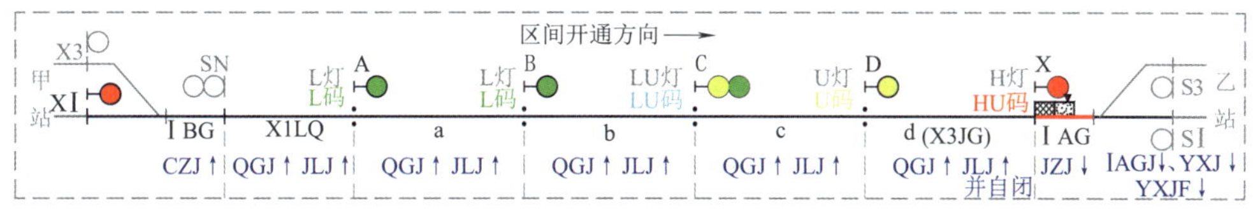

（d）完全越过X进站信号机

图 3—28　ⅠAG 区段轨道电路正常且空闲时开放引导信号场景

（3）ⅠAG 区段故障占用时开放引导信号场景。

进站信号机内方第一区段轨道电路故障时，引导信号不能反映其占用情况。此时，进站信号机的 JZJ 保持常态（↓），列车出清区间后，3JG 的 JLJ 不能恢复励磁，因其 QGJ 恢复励磁，60 s 后给出逻辑检查报警（不会自动解除）。

（4）区间开通正方向，非正常接发车场景。

发车站非正常发车时，CZJ 保持常态（↑），当列车进入区间时，1LQ 区段的 JLJ 保持常态（↑），无逻辑检查报警。

接车站非正常接车（ⅠAG 区段轨道电路正常且空闲时引导接车除外）时，进站信号机的 JZJ 保持常态（↓），列车出清区间后，3JG 的 JLJ 不能恢复励磁，因其 QGJ 恢复励磁，60 s 后给出逻辑检查报警（不会自动解除）。

（5）b 和 c 均出现故障占用场景，如图 3—29 所示。

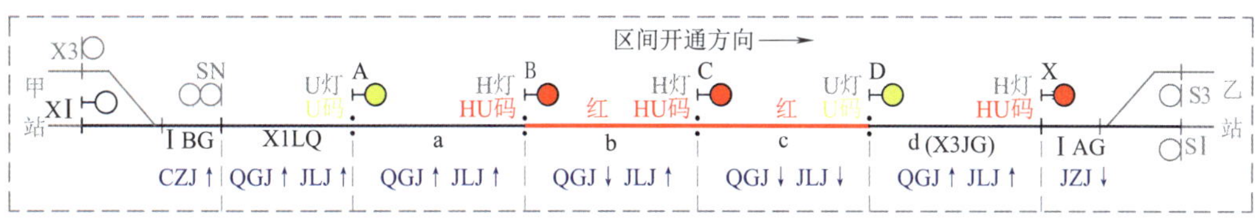

图 3—29　b、c 区段均出现故障占用

b、c 故障占用时均处于防护状态，无逻辑检查报警。

b 故障占用恢复后，其防护状态自动解除，无逻辑检查报警。c 故障占用恢复后，其防护状态不解除，60 s 后给出逻辑检查报警。

(6)全区间均出现故障占用场景,如图 3—30 所示。

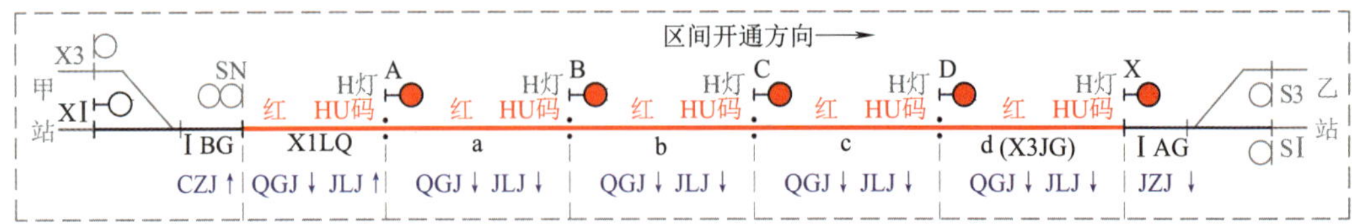

图 3—30 全区间均出现故障占用

故障占用的各区段均处于防护状态,无逻辑检查报警。

1LQ 故障占用恢复后其防护自动解除,无逻辑检查报警。X3JG 故障占用恢复后其防护状态不解除,60 s 后给出逻辑检查报警。对于其他逻辑检查区段:

条件一:如其故障占用恢复时其下一区段处于防护状态,则其防护状态自动解除,无逻辑检查报警。

条件二:如其故障占用恢复时其下一区段未处于防护状态,则其防护状态不解除,60 s 后给出逻辑检查报警。

第四章　列控中心区间逻辑检查

第一节　列控中心区间逻辑检查功能

一、适用范围

列控中心区间占用逻辑检查适用于由列控中心进行轨道电路编码的线路，以闭塞分区为单位根据列车占用、出清闭塞分区的顺序关系及区间闭塞方向，对区间闭塞分区的状态进行逻辑判定。

二、闭塞分区逻辑状态定义

为实现逻辑检查功能，闭塞分区逻辑状态分为四种，分别为空闲状态、正常占用状态、故障占用状态和失去分路状态。

1.空闲状态

表示列车未占用该闭塞分区，且该闭塞分区轨道电路所反映的线路状态为空闲。

2.正常占用状态

表示列车占用该闭塞分区，且该闭塞分区轨道电路所反映的线路状态为占用。

3.故障占用状态

表示列车未占用该闭塞分区，但该闭塞分区轨道电路所反映的线路状态为占用。

4.失去分路状态

表示列车占用该闭塞分区，但该闭塞分区轨道电路所反映的线路状态为空闲。

三、限制条件

防护功能不适用以下几种情况：

1.列车跨压区间闭塞分区时，其尾部所在的轨道区段失去分路。

2. 列车在本闭塞分区失去分路，且列车前方相邻闭塞分区同时发生故障占用。

3. 列车断钩或分部运行时，遗留车辆所在的闭塞分区同时处于失去分路状态。

4. 列车在区间退行、折返、救援等非正常运行时。

5. 区间有车情况下，办理区间改方操作。

6. 列控中心上电启动时，列车所在的闭塞分区恰好发生失去分路或列车跨压两个及以上闭塞分区。

第二节　逻辑检查报警防护及显示

一、逻辑检查占用丢失判定

1. 当正常占用的闭塞分区轨道电路恢复空闲，而区间闭塞方向前方相邻闭塞分区轨道电路未被正常占用时，列控中心判定该闭塞分区为占用丢失。

2. 该闭塞分区后方轨道电路发红黄码（HU），防护信号机点亮红色灯光（常态灭灯区段除外）。

3. 列控中心同时向集中监测系统发送报警信息，列控中心维护终端显示闭塞分区逻辑状态和报警信息。

二、逻辑检查占用丢失报警

1. 调度集中系统（CTC）调度终端和车务终端对该闭塞分区按分路不良进行显示，防护信号机显示红色灯光，如图 4—1 所示。

2. 车站联锁终端若能显示该闭塞分区，则该闭塞分区显示红色光带。

图 4—1　占用丢失后的 CTC 显示

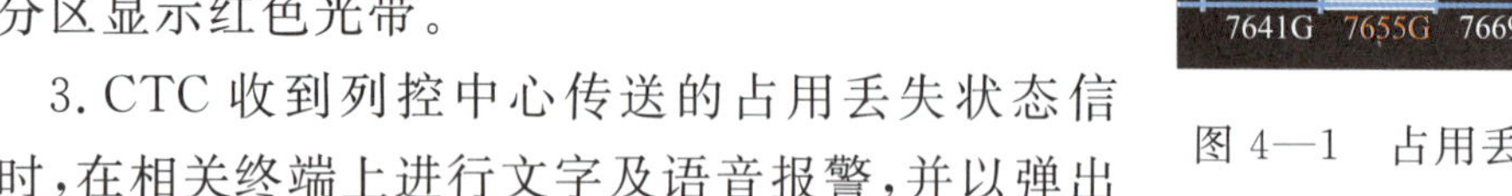

3. CTC 收到列控中心传送的占用丢失状态信息时，在相关终端上进行文字及语音报警，并以弹出式对话框进行提示。

（1）文字：在 CTC 调度终端和车务终端的报警窗口中进行报警，并不断闪烁，直至占用丢失状态恢复。

（2）语音：在 CTC 调度终端和车务终端进行语音报警。占用丢失状态恢复前，每间隔 5 min 进行一次。

（3）弹出式对话框：在 CTC 调度终端和车务终端弹出报警对话框，显示文字报警信息。人工确认信息后点击“确定”，对话框方可关闭。占用丢失状态恢复前，每间隔 5 min 弹出一次报警对话框，如图 4—2 所示。

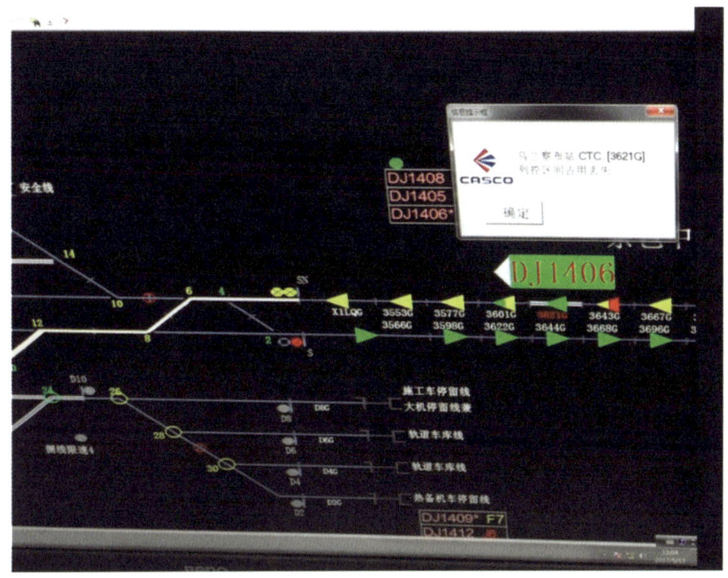

图 4—2　占用丢失后的弹出式对话框

三、逻辑检查故障占用

1. 当处于空闲的闭塞分区轨道电路被占用，而区间闭塞方向后方相邻闭塞分区未被正常占用过，列控中心判定该闭塞分区为故障占用。

2. 该闭塞分区后方轨道电路发红黄码(HU)，防护信号机点亮红色灯光(常态灭灯区段除外)。

3. 同时，列控中心向集中监测系统发送报警信息，列控中心维护终端显示闭塞分区逻辑状态和报警信息。

4. CTC 调度终端和车务终端对该闭塞分区按正常占用显示红色光带。

5. 车站联锁终端若能显示该闭塞分区，则该闭塞分区显示红色光带。

四、列控中心维护终端显示

列控中心维护终端对轨道区段各种逻辑状态按颜色进行区分显示见表 4—1。

表 4—1　列控中心维护机显示颜色定义

逻辑状态	颜色描述	GB-R	RGB-G	RGB-B	报警处理
正常占用	红色	255	0	0	无报警
失去分路	橘红色	255	153	0	二级报警

续上表

逻辑状态	颜色描述	GB-R	RGB-G	RGB-B	报警处理
故障占用	粉红色	255	102	153	三级报警
空闲	蓝色	0	0	255	无报警

第三节 CTC 系统对逻辑检查功能的操作

一、"列控区间占用逻辑检查"菜单

CTC 系统区间逻辑检查功能的相关操作有专用菜单，在车务终端的"工具"菜单或者调度台站场图的"功能"菜单中有"列控区间占用逻辑检查"，如图 4—3、图 4—4 所示。

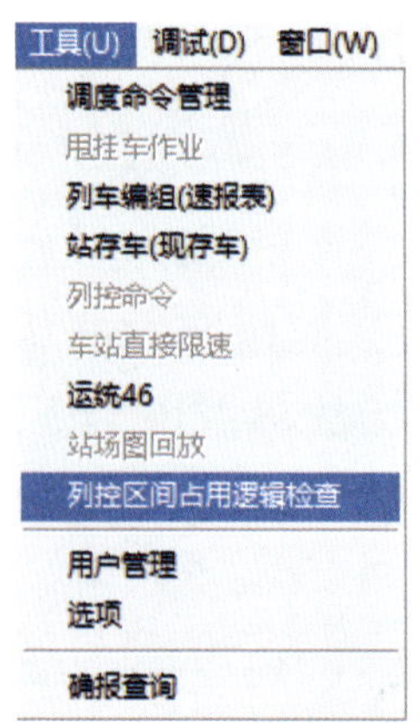

图 4—3 车务终端菜单

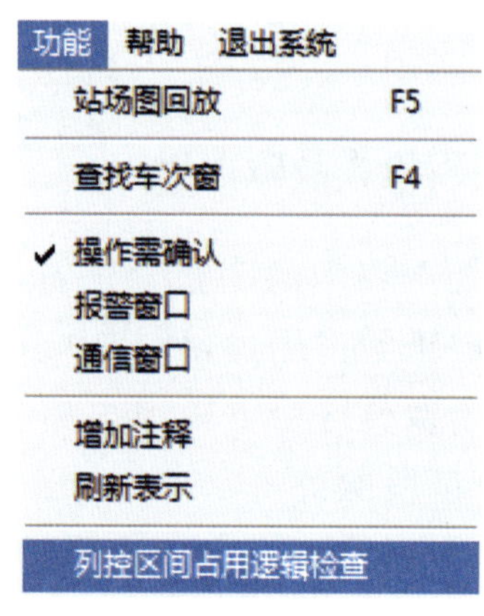

图 4—4 调度台站场图菜单

二、"列控区间占用逻辑检查"对话框

1. 选择"列控区间占用逻辑检查"，随后会弹出登录对话框，如图 4—5 所示。

2. 输入密码"1234"，才会弹出三点检查功能对话框。包括"闭塞分区无车占用""区间逻辑状态总解锁""区间逻辑检查开启""区间逻辑检查关闭"功能。

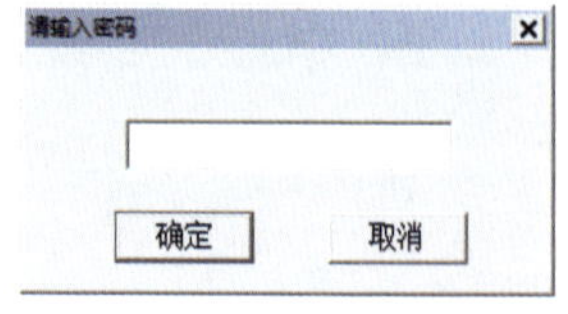

图 4—5 登录对话框

三、区间逻辑检查功能开启/关闭

1. 区间逻辑检查开启/关闭

在图 4—6 界面上选择相关车站，然后在区间方向口下拉框中选择相应的

区间方向口，进行"开启验证""开启执行"或"关闭验证""关闭执行"操作。

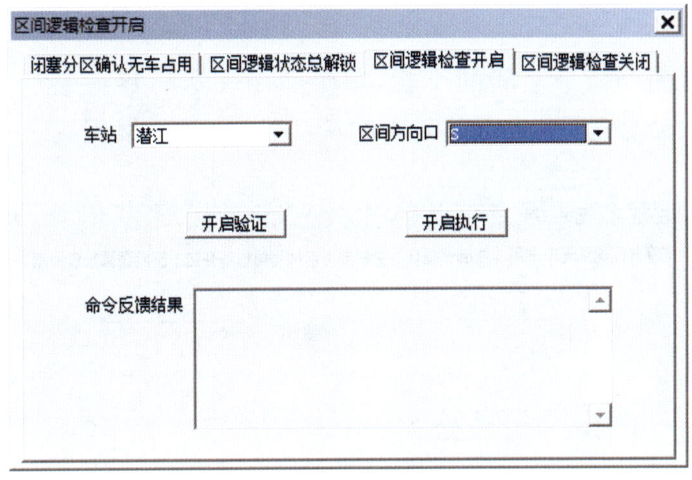

图 4—6　开启/关闭操作界面

2. 区间占用逻辑检查功能开启/关闭的 CTC 指示灯如图 4—7 所示，各指示灯含义见表 4—2。

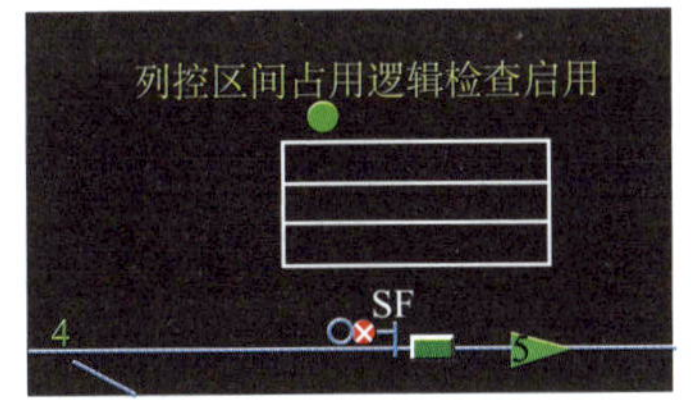

（a）列控区间占用逻辑检查启用

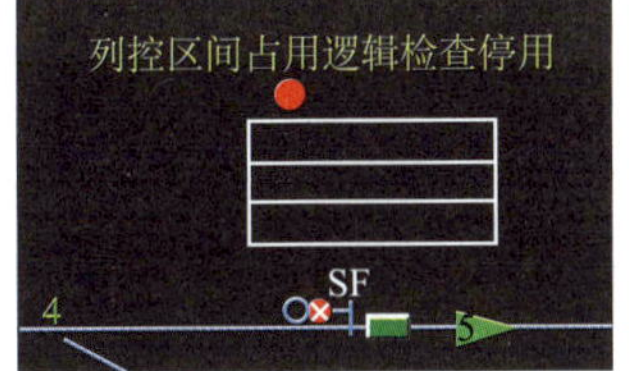

（b）列控区间占用逻辑检查停用

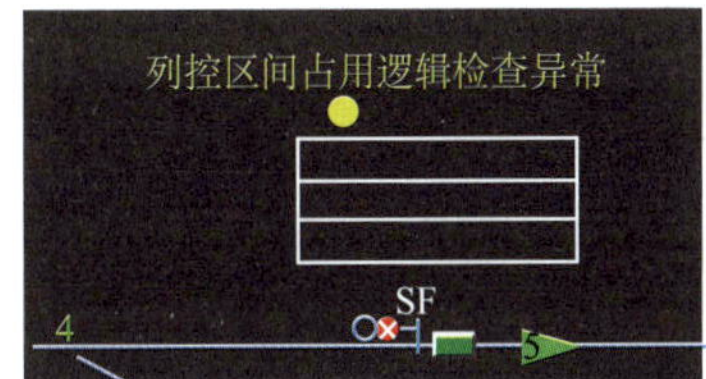

（c）列控区间占用逻辑检查异常

图 4—7　区间占用逻辑检查开启/关闭显示灯

表 4—2　区间占用逻辑检查开启/关闭显示灯颜色定义

序　号	表　示	意　义	备　注
1	绿 色	开启	列控传送方向口表示为启用时
2	红 色	停用	列控传送方向口表示为停用时
3	黄 色	异常	列控传送方向口表示为异常，或者列控传送方向口表示为不确定时
4	隐 藏	未知	CTC 未能获得列控方向口的表示信息时（如 CTC 启动初始化时）

四、区间逻辑检查状态解锁功能

1. 闭塞分区确认无车占用/区间逻辑状态总解锁操作：闭塞分区确认无

车占用/区间逻辑状态总解锁操作由图4—8所示界面操作，对每一个功能项，需要两步操作去完成，分别是“验证”和“执行”。在按钮按下后，会往列控发送相应指令。

2. 为避免多个命令之间的干扰，单个命令发送后界面会变灰，如图4—8所示。只有在命令返回，或者超时无响应后，才可以继续发送下一条命令。

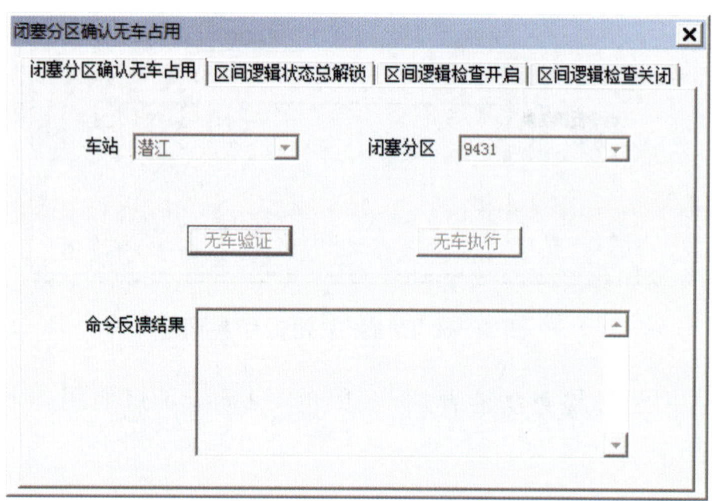

图4—8　操作命令发送后界面显示

3. 发送操作命令后，CTC界面显示列控反馈结果。

(1)操作命令执行成功界面，如图4—9所示。

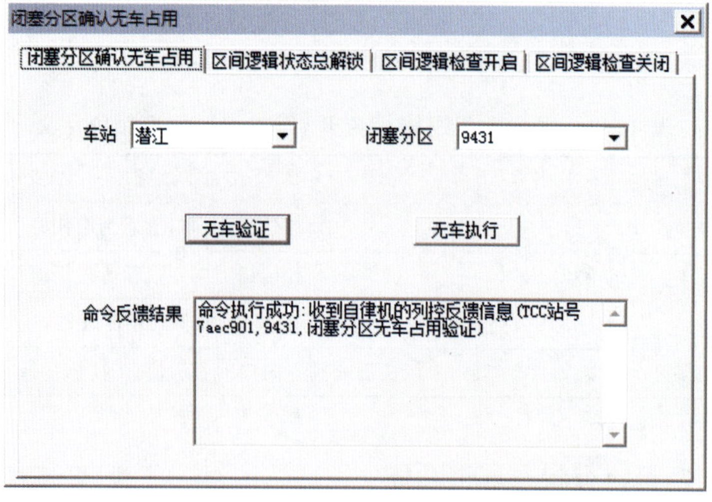

图4—9　操作命令执行成功后界面显示

(2)操作命令执行失败界面,如图 4—10 所示。

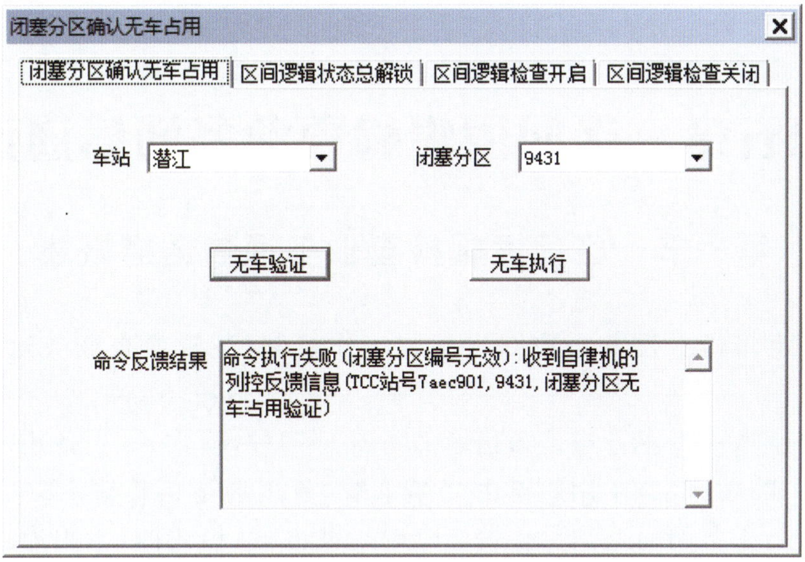

图 4—10　操作命令执行失败后界面显示

(3)根据 CTC 与列控中心协议,CTC 系统超过 10 s 如果没有收到列控的命令回执,则会判断为命令执行超时,如图 4—11 所示。

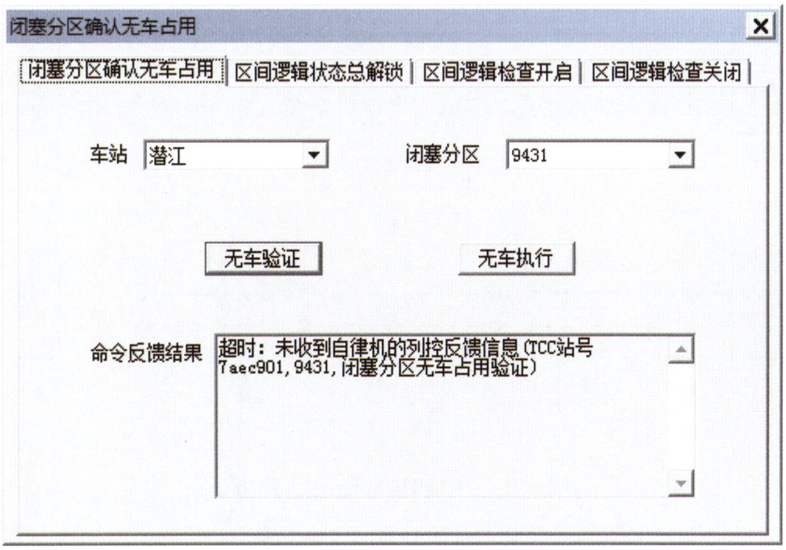

图 4—11　操作命令执行超时后界面显示

第五章　区间逻辑检查业务通信通道

第一节　区间逻辑检查业务通信通道概述

区间逻辑检查设备采取双发并收工作机制，逻辑检查业务通道主、备两路。

区间逻辑检查业务通信通道承载方式分四种，模式一：主备用通道均光缆承载方式；模式二：主用通道由光缆承载，备用通道由传输 FE(o) 承载方式；模式三：主备用通道均由传输 FE(o) 承载方式；模式四：主用通道由传输 FE(o) 承载，备用通道由传输 2 M 承载方式。

1. 模式一：主备用均光缆承载方式（图 5—1）

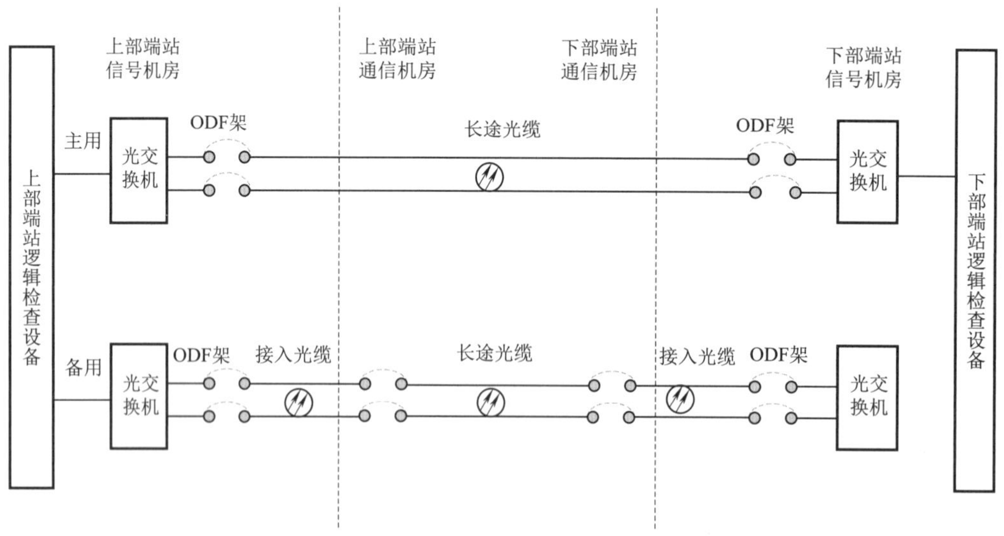

图 5—1　主备用均光缆承载方式

2. 模式二：主用光缆，备用传输 FE(o) 承载方式（图 5—2）

3. 模式三：主备用均传输 FE(o) 承载方式（图 5—3）

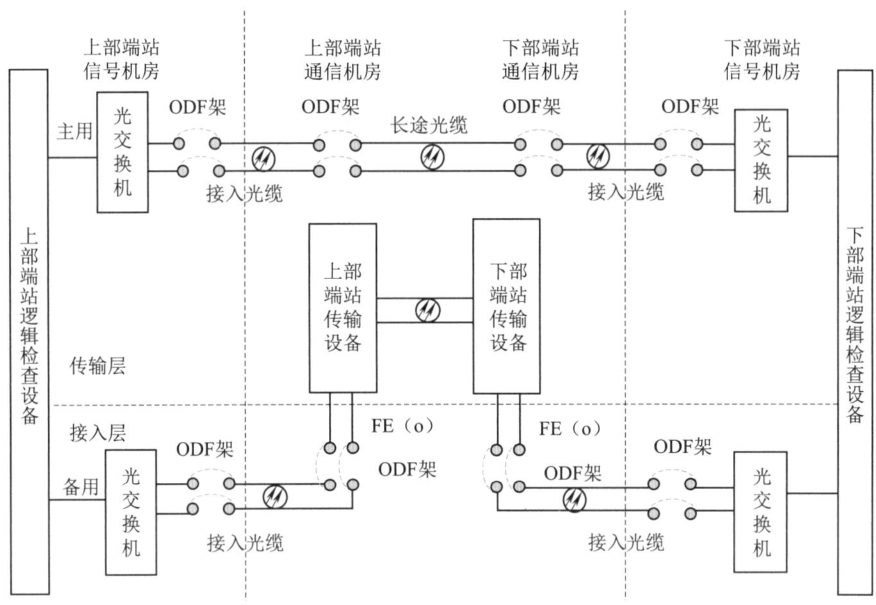

图 5—2　主用光缆,备用传输 FE(o)承载方式

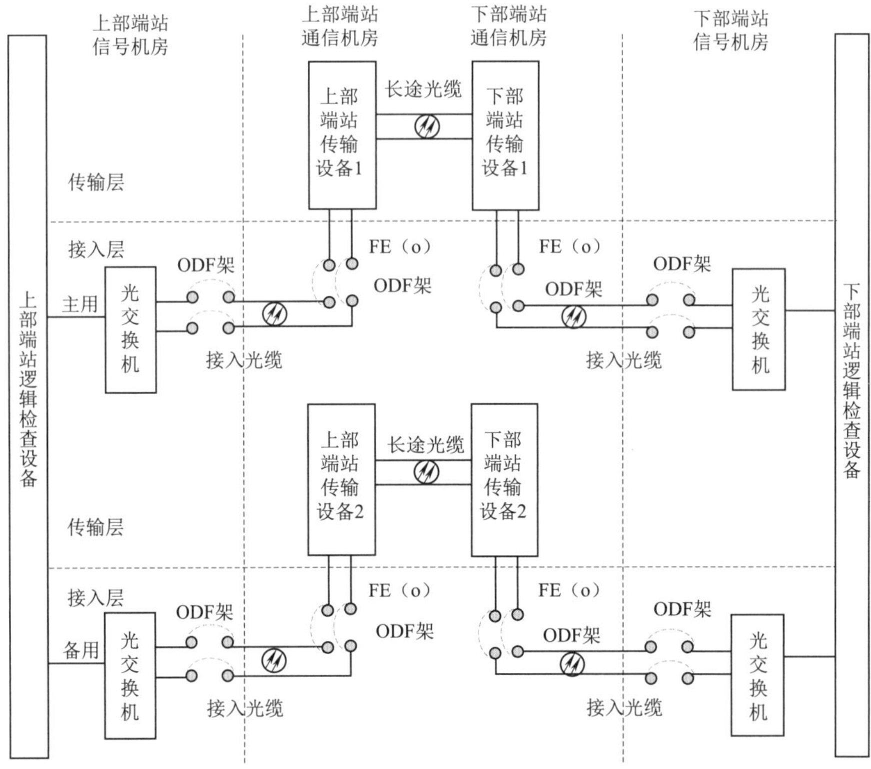

图 5—3　主备用均传输 FE(o)承载方式

4. 模式四：主用传输 FE(o)，备用传输 2 M 承载方式(图 5—4)

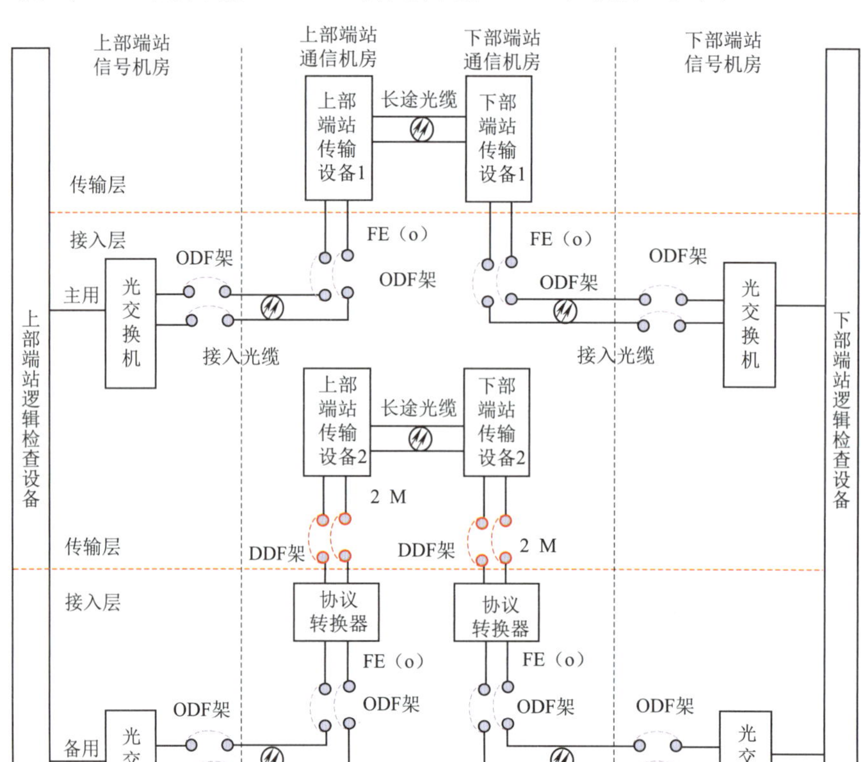

图 5—4 主用传输 FE(o)，备用传输 2 M 承载方式

第二节 区间逻辑检查业务通道设备性能指标

1. 传输设备、光缆性能要求

(1)光缆通道性能。光纤链路传输损耗 β 满足信号交换机收光功率阈值。

$$P_R = P_T - \beta$$

式中 P_R——下部端站/上部端站交换机收光功率值；

P_T——上部端站/下部端站交换机发光功率值。

$$\beta = \alpha \times L + n \times a$$

式中 β——光纤链路传输损耗(dB)；

α——光纤的每公里平均损耗(dB)；

L——光缆线路链路长度(km)，包括长途光缆 L_1、本地接入光缆 L_2；

n——光纤连接头数量；

a——光纤固定连接接头、活动连接接头等平均损耗(dB)。

(2)传输通道性能。传输、接入专线通道 P_S、β_2 满足信号交换机收光功率阈值。

$$P_R = P_S - \beta_2$$

式中　P_R——交换机收光功率值；

P_S——传输发光功率值(如加衰耗器，额外计算)。

$$\beta_2 = \alpha_2 \times L_2 + n \times a$$

式中　β_2——接入光纤链路传输损耗(dB)；

α_2——接入光纤的每公里平均损耗(dB)；

L_2——接入光缆长度；

n——光纤连接头数量；

a——光纤固定连接接头、活动连接接头等平均损耗(dB)。

2. 设备案例

以传输电路承载站点设备举例。

(1)单站逻辑检查业务通道流向示意图(图 5—5)

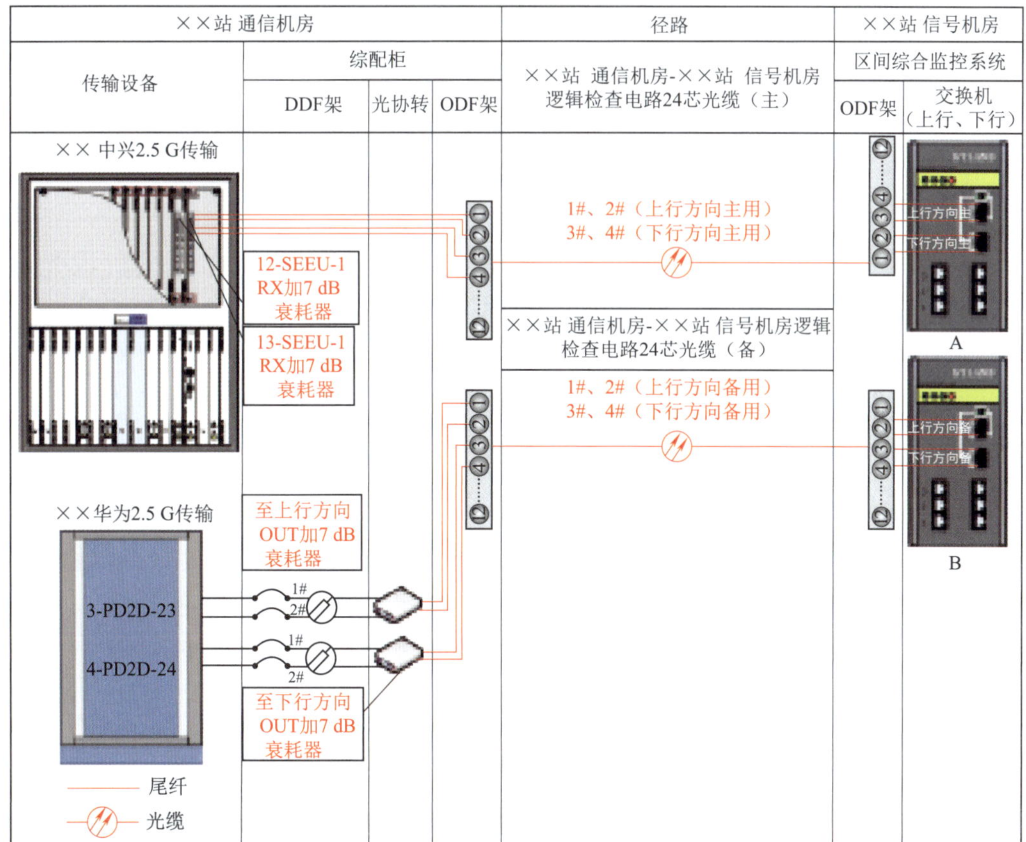

图 5—5　单站逻辑检查业务通道流向示意图

(2)信号光交换机、通信传输设备性能指标举例(表5—1)

表5—1 信号光交换机、通信传输设备指标

传输型号	以太网板及端口号	电路名称	发光功率(dBm)	发光功率阈值(dBm)	收光功率临界值(dBm)	波长(nm)
××站中兴××2.5 G	12-SEEU-1	上端站～下端站(逻辑检查主)	−17.4	−8～−15	不低于−28	1 310
	13-SEEU-1	上端站～下端站(逻辑检查备)	−17.3			
交换机型号	端口类型	端口名称	收光功率(dBm)	发光功率阈值(dBm)	收光功率阈值(dBm)	波长(nm)
××站思科××交换机	100Base-FX单模光口	上端站～下端站(逻辑检查主)	−17.6	−4～−12	不低于−34	1 310
	100Base-FX单模光口	上端站～下端站(逻辑检查备)	−17.5			

上端站～下端站(逻辑检查主)电路传输收光功率(对交换机发光)−17.4 dB(含7 dB衰耗器),通信机房至信号机房接入光缆长度80 m,平均损耗0.25 dB,交换机收光功率−17.6 dB。

$$P_R = P_S - \beta_2 = -17.6\ \text{dB}$$

计算值与实测值一致,可通过本公式,结合传输发光功率、交换机收光功率及光缆长度,可换算接入光缆平均衰耗。

第三节 区间逻辑检查业务故障应急处置

1.应急处置原则

根据业务中断申告,先判断业务侧故障还是通道侧故障,如通道故障,一是判断定位室外故障还是室内故障;二是判断定位传输侧故障还是接入侧故障。故障处置过程中遵循网管指挥现场,传输侧(室外)对接入侧(室内)逐段排查,准确定位。

2.通信通道应急处置

逻辑检查设备采取双发并收工作机制,任意一条发生故障时,数据无缝通过另一条通道完成数据传送。逻辑检查业务通道实现了独立双径路,站间双传输、双光缆或者传输+光缆承载,通信机房至信号机房2条光缆承载。如主用通道故障，逻辑检查业务自动倒换到备用通道，不影响使用。

由传输电路承载的区间，网管室查看相关传输有无告警并指挥现场工区携带工具、仪表、材料前往故障站点处理故障。如有告警，网管室根据告警信息及故障现象指挥工区查看传输端口及光纤、尾纤有无异常，如判断传输端口或尾纤有问题，则网管室联系工区更换传输端口或尾纤；如通信机房至信号机房光缆有问题，则先进行应急倒带（利用指定应急备用光纤），再处理光缆故障。如通道无问题，则配合信号人员处理。如无告警，经过判断如通道有问题，则逐段判断处理（方法同上），如无问题则配合信号人员处理。

由光缆承载的区间，先利用本条光缆其他纤芯承载的传输系统网管进行故障定位，判断是否室外光缆中断，如室外光缆中断，指挥现场工区携带工具、仪表、材料前往故障点进行应急处理。如室外光缆正常，定位室内故障（尾纤、ODF/DDF），通知现场工区到指定站点处理尾纤及接入光缆逐段判断处理。

第六章　故障处理流程及案例

第一节　区间逻辑检查故障处理流程

一、逻辑检查设备故障判断

1. 通用故障判断规则

(1)车站发生逻辑检查设备故障后,由现场信号工区按照故障处置流程进行判断,确认设备故障后及时按照规定的登记模板进行设备停用登记,同时向段调度汇报现场情况。由段组织技术人员及电子车间、现场车间进行处理。设备修复,经使用部门核对试验确认设备正常后,现场信号工区要办理销记手续,恢复设备使用。

(2)开通逻辑检查设备区段,TDCS/CTC 系统界面上区间轨道电路的状态不是 QGJ 的实际状态,是 GJ 的状态！应先观察逻辑检查设备是否有报警等异常(与故障现象结合分析),再判断红光带区段室外轨道区段的状态与盘面显示的一致性。不可盲目判断为室外轨道电路故障处理,避免误判造成故障处理延时。

2. 车站逻辑检查设备故障停用

(1)车站逻辑检查设备故障,影响正常使用,现场工区应立即登记停用该方向逻辑检查功能,CTC 车站通知车站值班员转为非常站控模式,同时要立即汇报段调度和车间值班人员。

(2)现场车间根据故障现象初步判断故障范围,并指导现场信号工区进行基本的故障处理。对故障现象以及处理情况随时与现场故障处理的人员联系。

二、逻辑检查设备故障处理

1. 列车占用丢失报警处置调度指挥

(1)值班人员对故障现象进行认真分析判断,及时向段调度汇报现场情况。

(2)车间值班干部协助调阅分析,并准备迅速赶往现场。

(3)值班领导、值班干部到调度指挥中心,值班司机做好准备。通知相关应急人员做好准备。

2.列车占用丢失报警处置登销记

(1)重点提示:区间逻辑检查设备停用,需要两端站同时登记停用,登记内容要完全一致。查明原因及处理完毕后,按照呼铁电〔2017〕190号文件登销记(两端站均需登销记,且登销记内容必须完全一致)。

(2)调度需随时了解故障现象和处置情况,签发机械室出入及上道授权命令。

3.列车占用丢失报警处置应急措施

(1)经应急小组判断需出动时,安排车辆组织段应急人员出动。

(2)按照造成占用丢失报警原因的设备故障处置程序,对相关设备故障进行处置,恢复后经试验良好及时销记,恢复设备正常使用。

4.列车占用丢失报警处置原因分析

(1)调度了解故障原因,经确认后向上级管理部门报故障原因。

(2)车间组织故障处理人员写出故障处理经过及原因判断情况。

(3)报段审核故障处理经过及原因分析情况。

第二节　区间逻辑检查设备故障案例

故障案例一:区间闭塞分区分路不良

1.故障现象概述

×月×日8时29分57××0次列车运行至甲站至乙站间上行线1148G、1134G、1120G、1108G时,列车占用丢失报警。调阅信号集中监测,发现列车占用时上述区段残压全部超标:1148BG残压值为234 mV 、1148AG残压值为278 mV、1134BG残压值为247 mV、1134AG残压值为266 mV、1120BG残压值为238 mV、1120AG残压值为271 mV、1108BG残压值为217 mV、1108AG残压值为256 mV(大于标准值140 mV),如图6—1所示。

2.故障原因分析

回放信号集中监测,故障前一趟列车8时40分—8时45分经过上述8个区段,分路残压正常,如图6—2所示。

回放信号集中监测,故障后一趟列车17时00分—17时10分开始经过上述8个区段,分路残压正常,如图6—3所示。

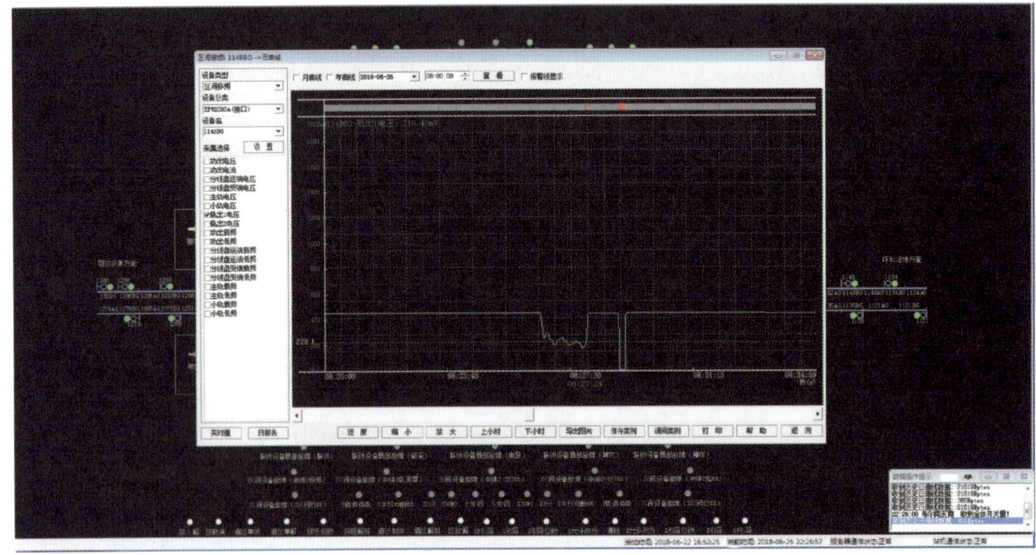

图 6—1 区段残压超标

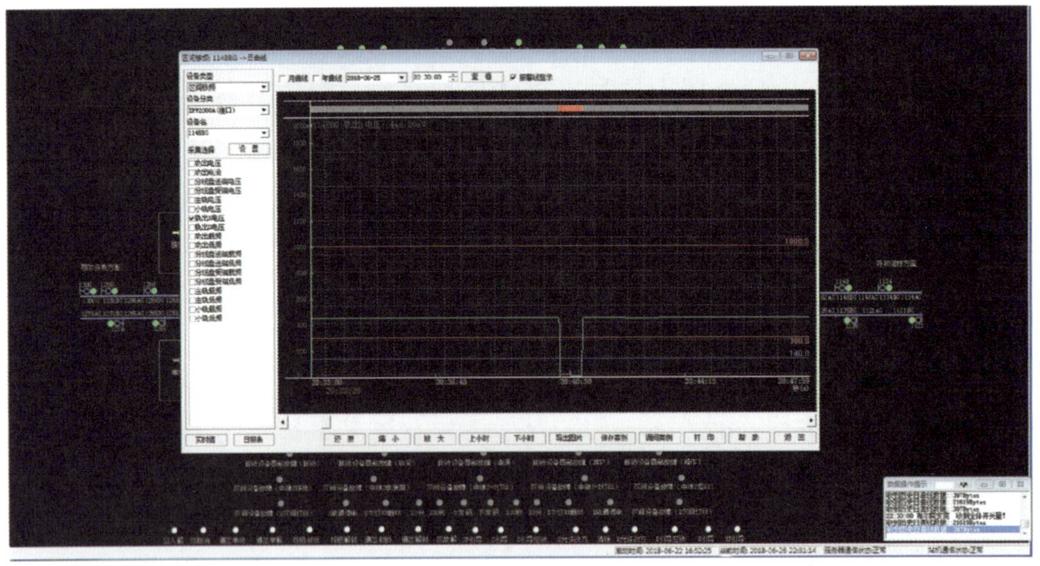

图 6—2 1148BG 前一趟车通过时，残压正常曲线

3. 故障原因判定

回访值班员，发生占用丢失列车为大机捣固车，而当日凌晨该地区降雨近 2 h。分析因降雨导致轨面生锈，造成 57××0 次列车(大机捣固车)运行至上述区段，轨道电路残压超过 140 mV 标准，造成 CTC 发生列车占用丢失报警。

故障案例二：出站结合电路区段分路不良

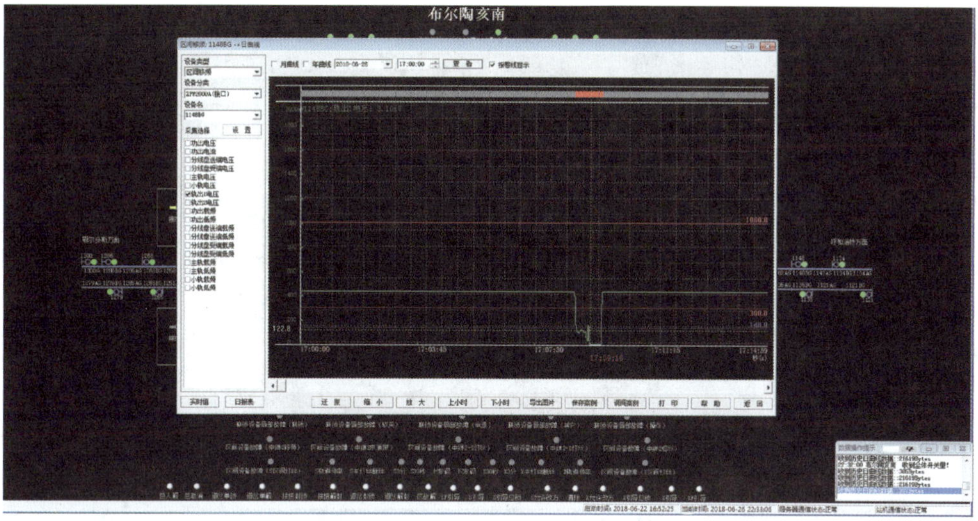

图 6—3　1148BG 在后一趟车通过时，残压正常曲线

1. 故障现象概述

×月×日 10 时 26 分，55××1 次列车运行至甲站至乙站间下行线 X1LQG 轨道区段时，列车占用丢失报警。10 时 26 分 45 秒出现 X1LQG 逻辑检查人解盘报警。

2. 故障原因分析

调阅信号集中监测 10:24:15 占用 X1LQG，车压残压最高为 164 mV，如图 6—4 所示。

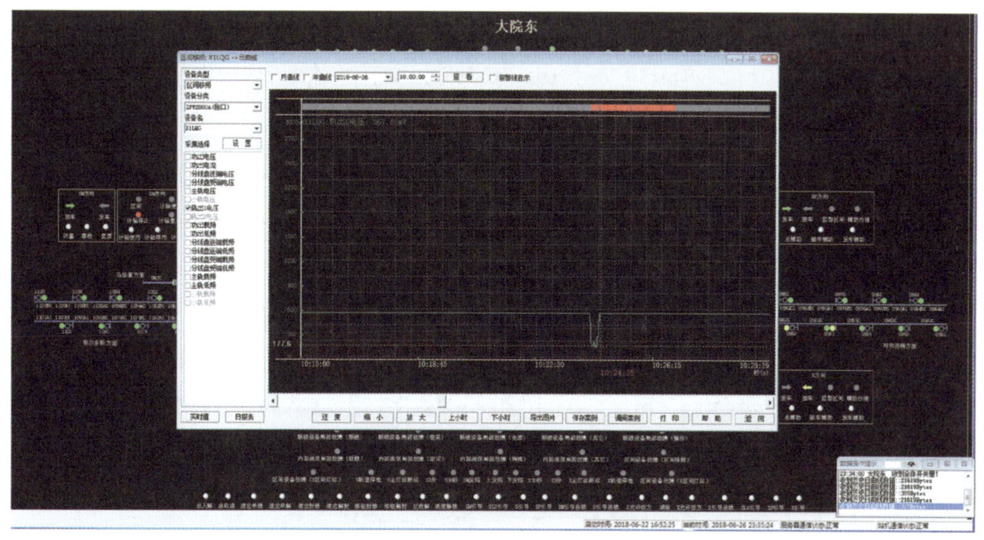

图 6—4　X1LQG 残压 164 mV

调阅信号集中监测 10:24:31 占用 1037G，车压残压最高为 250 mV，如图 6—5所示。

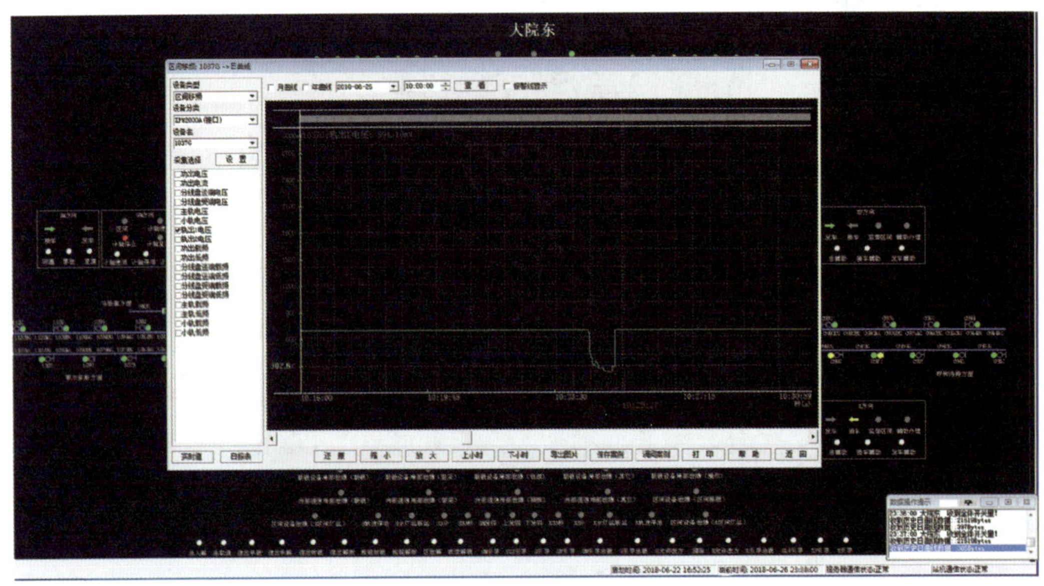

图 6—5 1037G(2LQG) 残压 250 mV

以上车压残压均超过 140 mV 标准，且列车占用 1037G 时，1037G 一直没被压红。1037G 列车占用但没有压红时间超过 60 s，根据技术条件因 X1LQG 区段车压残压超标且没有压红，判定 X1LQG 列车占用丢失，自闭区间逻辑检查启动，X1LQG 显示红光带。该区段占用丢失报警。

轨道电路调查情况：X1LQG：长度：420 m，载频：2 000 Hz 主轨出电压：572 mV，符合调整表中 243～682 mV 电压范围。1037G：长度：1 240 m，载频：2 600 Hz 主轨出电压：674 mV，符合调整表中 240～696 mV 电压范围。

3. 故障原因判定

根据信号集中监测调阅及现场设备检查，判断故障原因为：

(1)55××1 次列车为动检车，运行过程中分路残压超标(占用 X1LQG、1037G 等区段车压残压均在 223～282 mV 之间，超过 140 mV 标准)，造成轨道电路“压不死”，发生列车占用丢失。

(2)55××1 次列车占用 X1LQG 后继续运行，而占用 X1LQG 前方的 1037G 时车压残压超标没有压红且超过 60 s，判定为 X1LQG 占用丢失，自闭区间逻辑检查启动，X1LQG 显示红光带。

此类故障在管内频繁出现：8 月 30 日 9 时 28 分、9 月 18 日 9 时 27 分，DJ7××1 次列车运行至甲站至乙站间下行线 X1LQG 轨道区段时，列车占用丢失报警；9 月 17 日 9 时 35 分，56××2 次列车运行至乙站至甲站间上行线

1416G、1356G 轨道区段时，列车占用丢失报警；2018 年 9 月 25 日 10 时 58 分，55××2 次列车运行至后续区间上行线 0674 号轨道区段时占用丢失逻辑检查报警，均是此原因。

故障案例三：单机通过曲线地段分路不良

1. 故障现象概述

×月×日 8 时 49 分 51××5 次列车运行至甲站至乙站间下行线 5127G 轨道区段时，列车占用丢失报警。

2. 故障原因分析

调阅信号集中监测：5127G 轨出 1 电压分路状态下 8 时 48 分由46.1 mV 瞬间升至 282.9 mV，如图 6—6 所示。

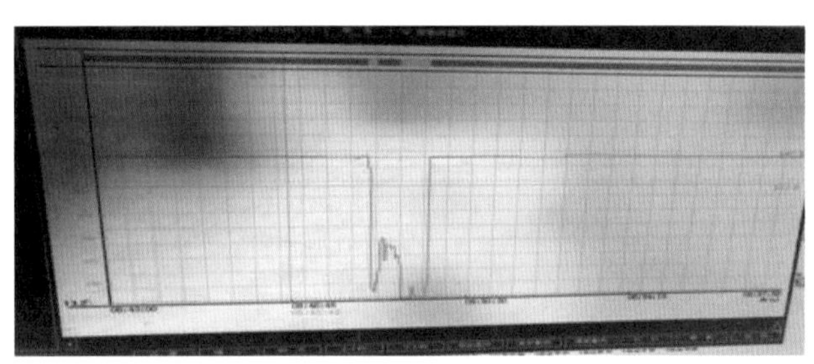

图 6—6　单机通过曲线地段分路不良

测试数据如下：

故障前：轨出 1 电压，645 mV；轨出 2 电压：136 mV。

故障中：轨出 1 电压，分路状态下由 46 mV 升至最高分路值 282.9 mV。

故障后：轨出 1 电压，645 mV；轨出 2 电压：136 mV。

3. 故障原因判定

51××5 次列车为单机速度较快，且 5127G 轨道区段内连续有两处(K513＋400—K513＋700 曲线半径 1 500 m，K513＋790－K514＋260 曲线半径1 200 m)曲线列车运行中轨道电路分路不良造成列车占用丢失报警。

故障案例四：电源瞬间断电

1. 故障现象概述

×月×日 0 时 45 分甲站外电网瞬间断电，区间信号电源受断电影响，乙站至甲站至丙站间甲所属设备控制区段的轨道全部出现红光带。7797G，7895G，7862G，7914G 四个轨道区段 60 s 后出现占用丢失报警。

2. 故障原因分析

调阅信号集中监测：乙站至甲站至丙站间公积坂所属区间受断电影响轨

道全部出现红光带，如图 6—7 所示。

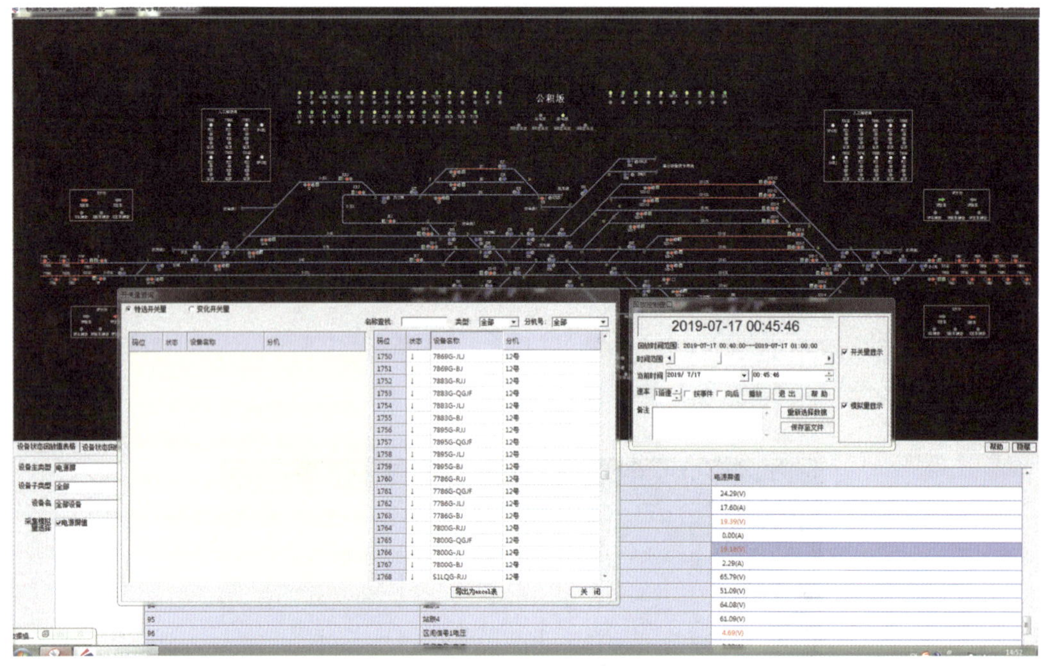

图 6—7 轨道红光带

区间断电后，逻辑检查每个区段的 QGJF、JLJ 全部落下，断电后瞬间供电正常，各区段 QGJF 开始恢复吸起，如图 6—8 所示。

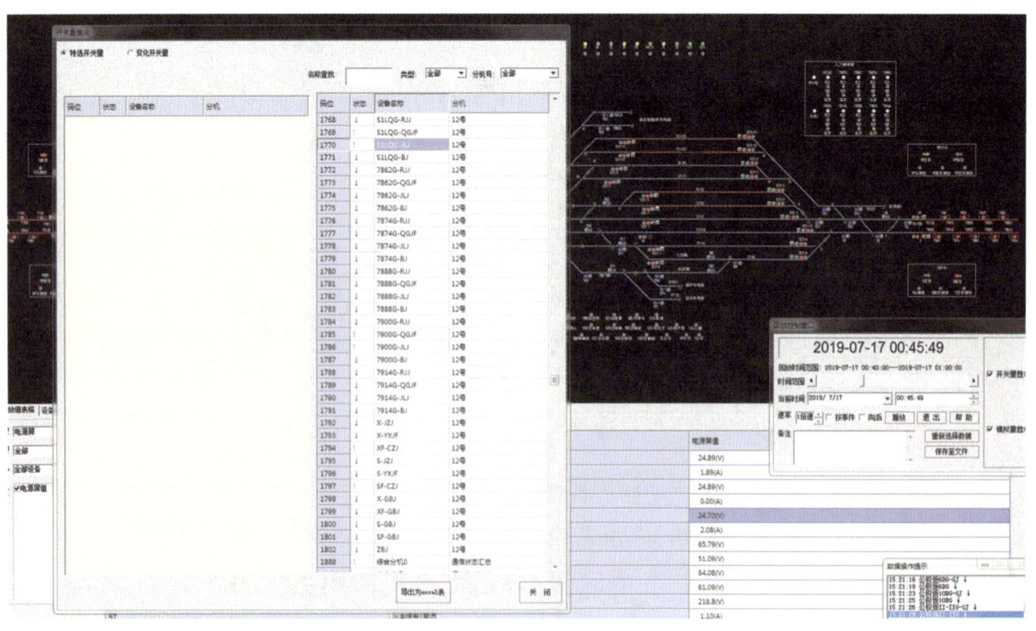

图 6—8 QGJF 恢复吸起(一)

由于继电器个体电气特性原因，QGJ、QGJF 吸起的先后时间有所不同，7900G、SILQG 的 QGJF 先于其他区段吸起，如图 6—9 所示。

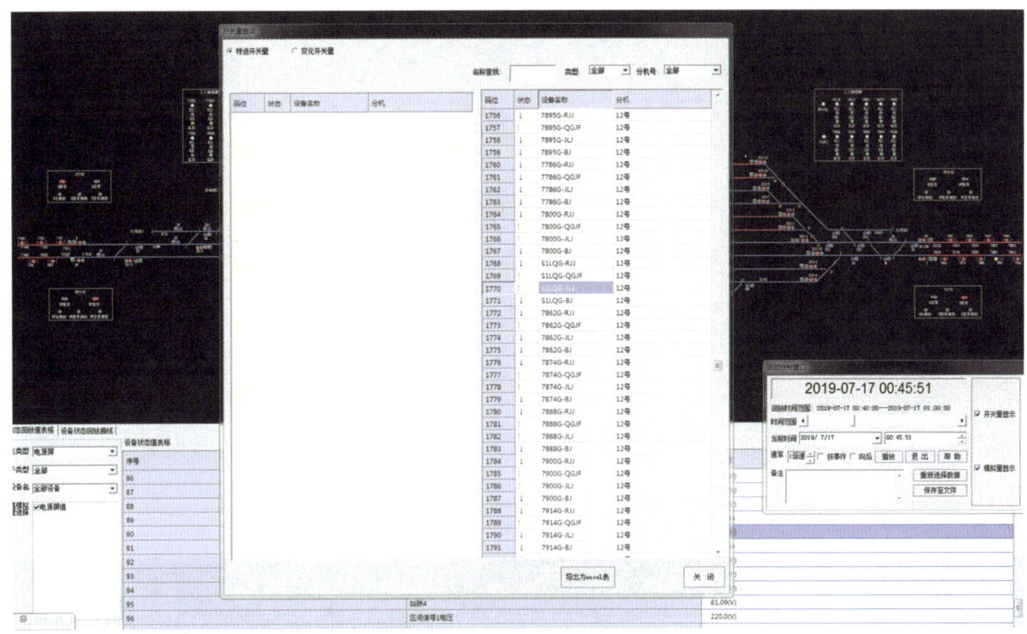

图 6—9　QGJF 恢复吸起(二)

随后全部区段的 QGJF 吸起，如图 6—10 所示。

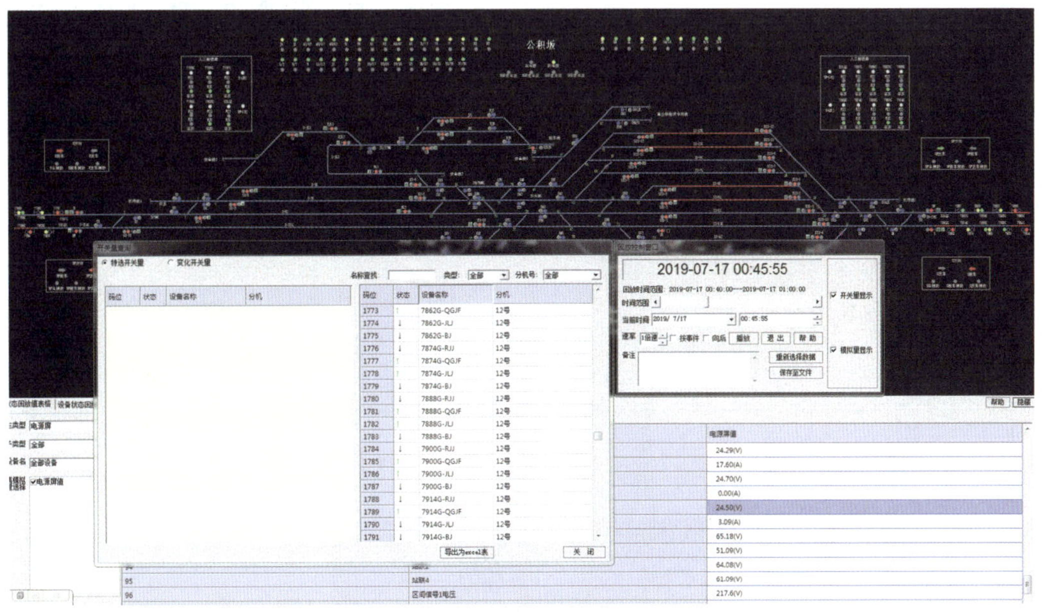

图 6—10　QGJF 恢复吸起(三)

全部 QGJF 吸起后遗留四处红光带(7786G 当时有列车运行)分别是：

7797G,7895G,7862G,7914G,这四个轨道区段 60 s 后产生占用丢失报警。

3. 故障原因判定

(1)7797G、7862G 是甲站两个 3JG,由于没有正常进站条件(进站信号机开放列车信号或引导信号并占用站内第一个轨道区段),所以 7797G、7862G 无法正常出清,此时 QGJF 吸起,JLJ 落下时产生占用丢失;

(2)7895G 是甲站边界区段,由于邻站没有轨道占用条件,所以 7895G 无法正常出清,此时 QGJF 吸起,JLJ 落下时产生占用丢失;

(3)7914G 由于 7900G 的 QGJF、JLJ 已先于 7914G 的吸起,所以 7914G 无法正常出清,此时 QGJF 吸起,JLJ 落下时产生占用丢失。

在整个瞬间断电过程中,调阅信号集中监测信息发现 X1LQG,S1LQG 的 JLJ 一直保持吸起状态,当供电恢复 QGJF 吸起时,这两个轨道区段相当于是故障占用恢复,不受前一区段的影响,如图 6—11 所示。所以为避免出现这类列车占用丢失报警,建议将所有区段的 JLJ 都换成缓放型。

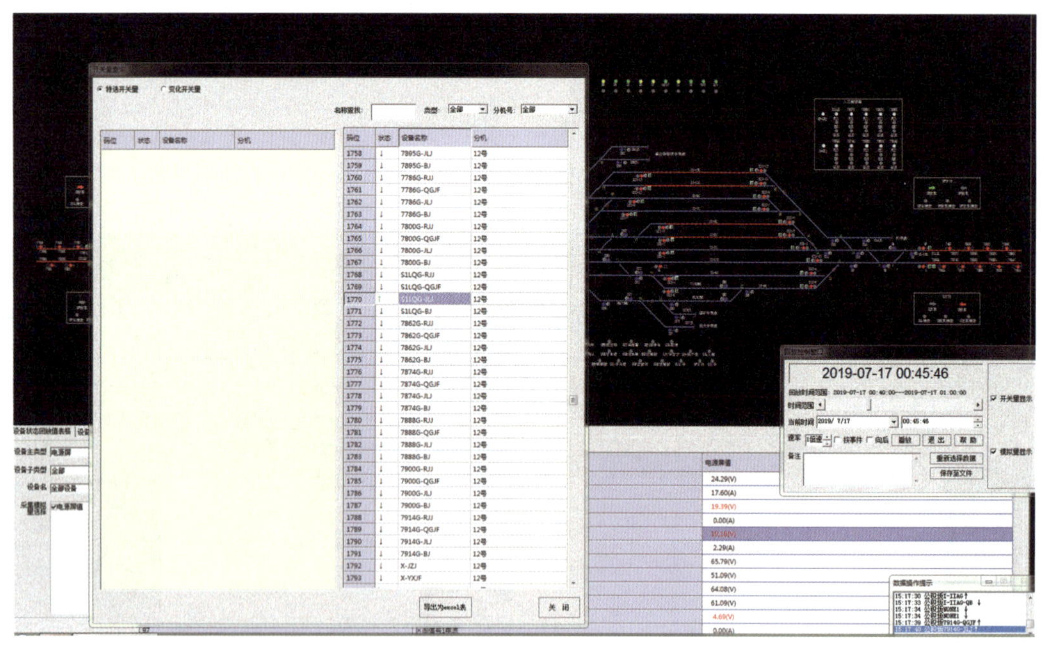

图 6—11　X1LQG,S1LQG 的故障占用恢复

故障案例五:无联锁接发车未关闭逻辑检查功能

1. 故障现象概述

×月×日由于甲站 2 号(2/4 号为上下行双动道岔,2 号在上行线)道岔脱杆捣固,影响甲站上行咽喉上下行接发车信号。甲站上行手信号引导接车,

上行线 6384G(三接近)发生列车占用丢失报警。

2.故障原因分析

根据《区间综合监控系统暂行技术条件》(铁总工电〔2018〕155 号)文件故障占用、正常占用和占用丢失判定标准,凡是开通逻辑检查功能的区间,如果遇到列车未按车站集中联锁设备给定的正常条件越过站界运行(如按调度命令、路票或手信引导等),发车口可能会产生占用丢失报警(短列不产生,长列产生),接车口三接近必定占用丢失报警。

3.故障原因判定

如果甲站上下行渡线道岔脱杆捣固,影响该站上行咽喉上下行接发车信号。甲站无联锁接发列车,此时如果不同时关闭邻站至甲站上行线区间逻辑检查功能,上行线 6384G(三接近)必定占用丢失报警。

故障案例六:雨天单机分路不良

1.故障现象概述

××日 10 时 41 分,57××1 次列车运行至甲站至乙站间下行线 6275G 轨道区段时,发生占用丢失报警。

2.故障原因分析

调阅信号集中监测:57××1 次单机运行甲站至乙站区间的 6275G 车压分路残压最高 216 mV,如图 6—12 所示。

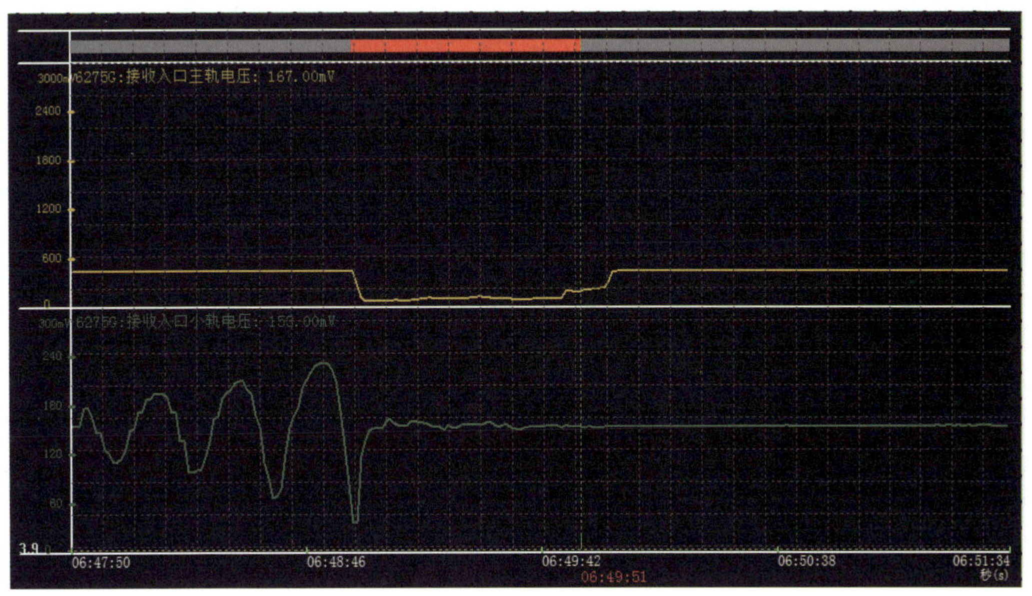

图 6—12　6275G 分路残压(单机)

后续列车压入时 6275G 分路残压，如图 6—13 所示。

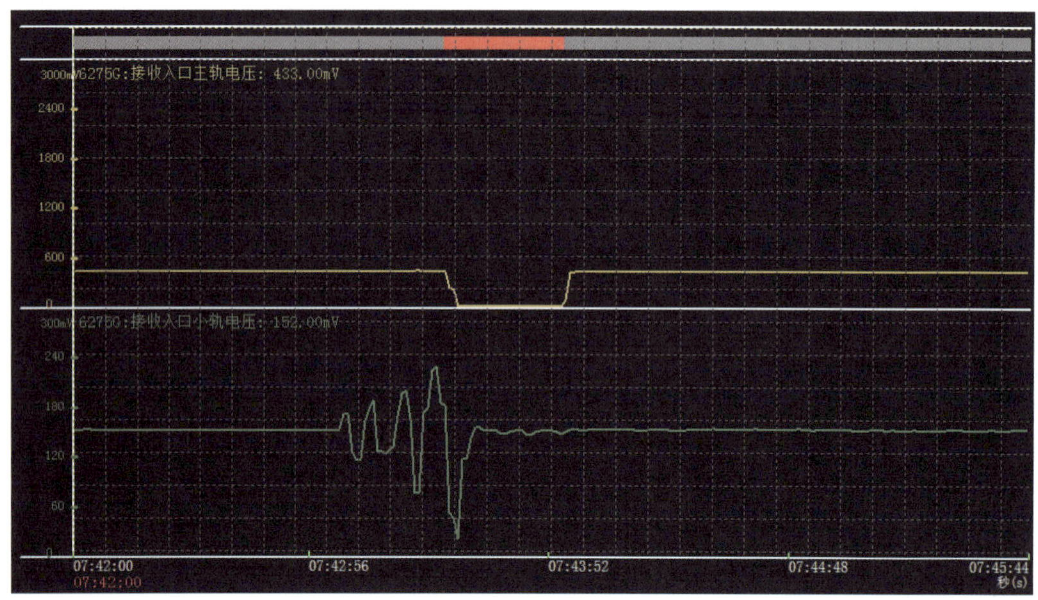

图 6—13　6275G 分路残压(后续列车压入)

现场进行定压测试，测试值符合标准，小于 140 mV，如图 6—14 所示。

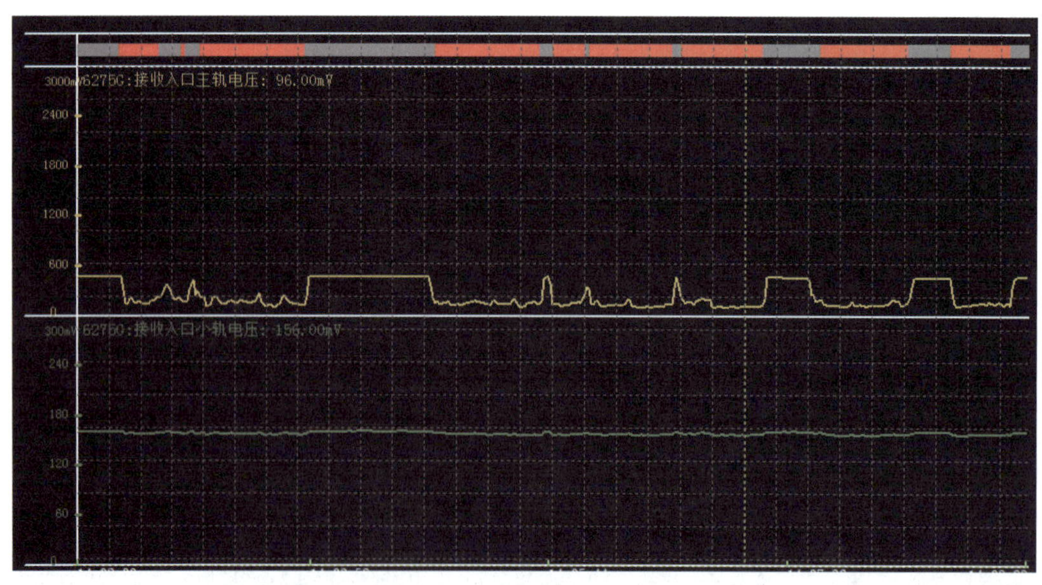

图 6—14　6275G 现场定压测试

3. 故障原因判定

造成 6275G 逻辑占用丢失报警原因为：57××1 次单机雨中运行至

6275G 时车压残压最高 216 mV，轨道分路断续不良，导致逻辑检查设备动作，产生占用丢失报警。

故障案例七：继电器型号使用不正确问题

1. 故障现象概述

××日 0 时 35 分甲站排列上行通过进路，信号开放正常情况下，Ⅰ路电源瞬间停电切换至Ⅱ路供电，该站 T1DG（进路中最末区段）、S1LQG 轨道电路出现红光带，SⅡ发车信号关闭，导致通过列车在该站Ⅱ道停车。调阅报警信息 0 时 35 分电源屏Ⅰ路断电后恢复，自动倒切Ⅱ路电源使用。经检查调阅电务维护机和信号集中监测，判断分析 T1DG、S1LQG 室外设备正常，故障点应该在室内。随后检查发现逻辑检查设备 S1LQG 区段占用丢失报警。在判断区间无车占用后按压 S1LQG RJA 后，轨道区段红光带恢复正常。故障延时 51 min。

2. 故障原因分析

(1)轨道红光带时，经电务检查调阅分析轨道电压曲线正常，判断室外设备工作正常，S1LQG 红光带同步 T1DG 轨道红光带，延时 60 s 后逻辑检查设备 S1LQG 发生占用丢失报警。ⅡG 在排列通过进路后，FSJ 落下切断了 CZJ 的一条自闭路电路，由于 T1DG 轨道继电器复示（GJF）为 JXWC-1700 型继电器，电源屏 1、2 路电源切换瞬间 T1DG 轨道复示继电器（GJF）抖动，切断了 CZJ 的另一条自闭路电路，导致该方向口的 CZJ 落下，如图 6—15 所示。

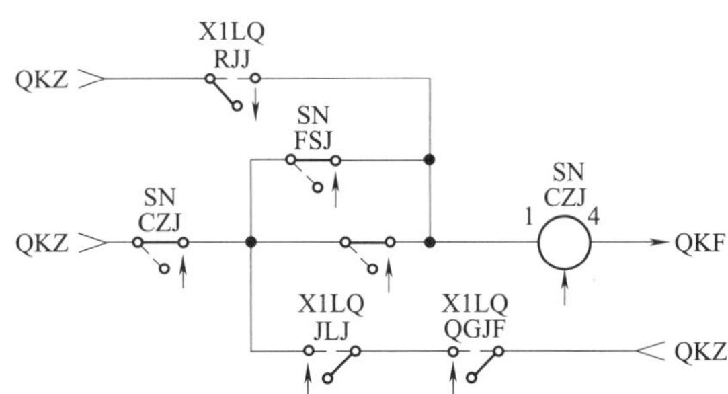

图 6—15　出站继电器励磁原理

(2)离去区段的 JLJ 的自闭电路被 CZJ 和 TIDGJ 切断，如图 6—16 所示。JLJ 的第四组前接点串入 GJ 的励磁电路中，LQGJLJ 落下使 LQGJ 落下，所以 S1LQG 轨道电路出现红光带，如图 6—17 所示。

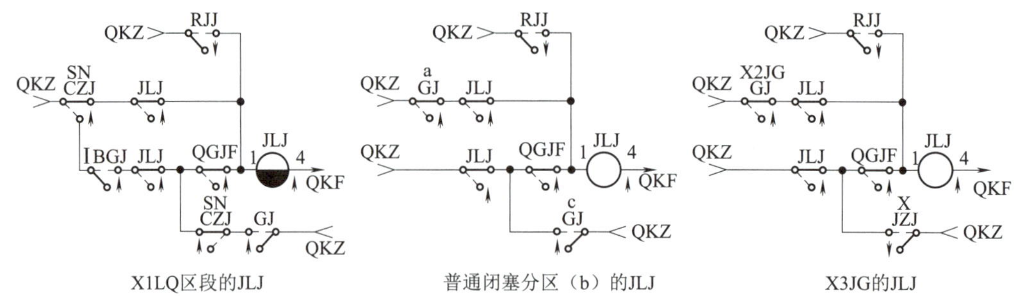

图 6—16 记录继电器励磁原理

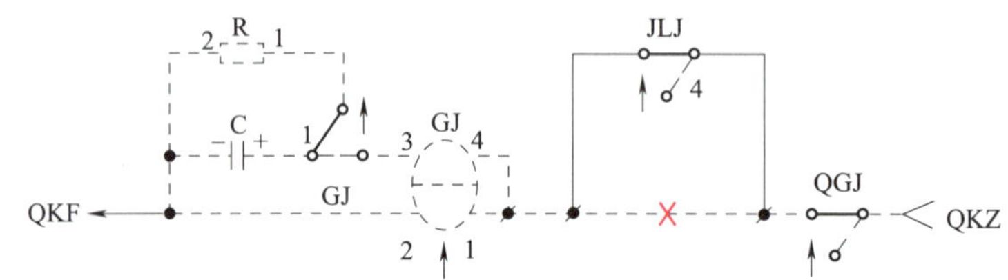

图 6—17 GJ 继电器励磁原理

(3)站内发车进路中最末区段 T1DG，在联锁采集电路中串入 CZJ 的条件，导致联锁盘面显示 T1DG 红光带，如图 6—18 所示。

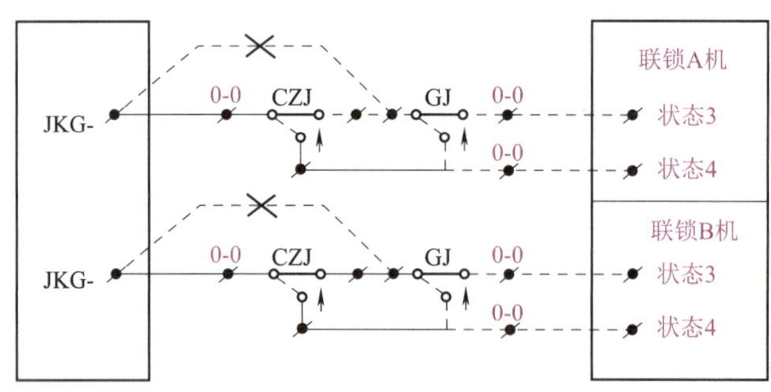

图 6—18 出站末端区段采集原理

(4)报警电路中 QGJF 落下，JLJ 的第三组落下接点串入 BJ 的励磁电路中，60 s 后 S1LQG 逻辑检查占用丢失报警状态，如图 6—19 所示。

3.故障原因判定

(1)发车进路建立后 FSJ 落下切断 CZJ 的第一自闭电路，由于瞬间停电导致 T1DGJ(JWXC-1700 型无缓放功能)抖动，切断了 CZJ 的第二自闭电路，使 CZJ 落下后切断 S1LQGJL 的自闭电路，S1LQGJL 落下切断 GJ 的励磁电路，控制台盘面上行离去区段显示红光带。

(2)T1DG 在联锁采集电路中串入 CZJ 的条件，导致联锁盘面显示 T1DG

红光带，虽然电源恢复供电，但由于CZJ未吸起所以红光带不能够恢复（逻辑检查出站结合电路均接入此条件）。

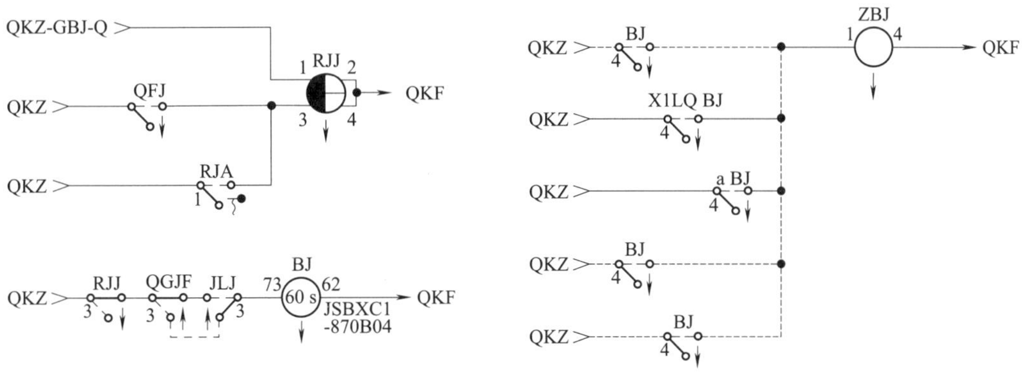

图6—19　报警电路原理

（3）经对S1LQG实施逻辑检查人工解锁后，CZJ吸起、JLJ吸起，S1LQG逻辑检查报警恢复，T1DG、S1LQG轨道电路红光带恢复。

（4）为减少在发车进路办理以后，因电源转换导致GJ抖动，而造成的逻辑检查丢失报警，经与设计沟通对现有GJF采用的JWXC-1700型继电器更换成JWXC-H310型继电器，有效消除此类问题的发生。

小结：故障判断注意事项

凡是开通逻辑检查设备的区段，轨道电路盘面状态反应的不是原来的QGJ状态，而是增加了逻辑判断功能JLJ（FHJ）条件的GJ状态，所以出现红光带故障后首先应了解逻辑检查人解盘状态，再分别判断QGJ、GJ状态和电压曲线，结合起来分析故障范围，不可盲目去室外进行故障查找，容易造成故障延时的增加。

参 考 文 献

[1] 中国铁路总公司运输局. 铁总运〔2015〕121 号 自动闭塞区间继电式逻辑检查技术条件[S].

[2] 中国铁路总公司运输局. 铁总运〔2016〕63 号 区间逻辑检查功能运用暂行办法[S].

[3] 中国铁路总公司运输局. 铁总运〔2015〕156 号 列控中心区间占用逻辑检查暂行技术条件[S].

[4] 中国铁路总公司. ZPW-2000A 型无绝缘移频自动闭塞系统[M]. 北京:中国铁道出版社,2013.

[5] 中国铁路总公司. 计算机联锁系统[M]. 北京:中国铁道出版社,2015.